Elisabeth Engstler

Meine
Lieblings
Rezepte

Elisabeth Engstler

Meine *Lieblings* Rezepte

Schnell · Frisch · Raffiniert

Fotos:
Blanka Kefer · ichkoche.at

pichler verlag

Inhalt

Sofern nicht anders angegeben,
beziehen sich die Mengenangaben
auf 4 Personen

Meine Küchenphilosophie

Ich koche, um zu essen, ich esse, um zu genießen, ich genieße, um zu sein!

Das ist für mich der Sinn des Kochens. Nicht mehr, aber auch nicht weniger.
Ich beanspruche für mich keine „Hauben" oder gar „Sterne", manchmal vielleicht ein bisschen Lob und Anerkennung von meiner Familie oder Freunden, aber vor allem muss es mir schmecken. Und ich freue mich, wenn ich damit auch den Geschmack meiner Lieben treffe.
Deshalb behaupte ich ja auch: Jeder kann kochen!!! Also zumindest das, was einem selbst schmeckt. Denn unsere Geschmackspapillen sind unsere besten Berater beim Kochen und beim Kochenlernen. Sie sagen uns ganz genau, wo's langgeht: welche Gewürze, welche Zutaten, welche Zubereitungsart. Einfach immer das, was uns am besten schmeckt.
Und wenn wir ein wenig auf unseren Körper hören, also ihm wirklich zuhören, sind das auch nicht nur Schnitzel, Pommes und süße Torten, auf die wir Gusto haben, sondern ganz im Gegenteil: Unser Körper hat oft Appetit auf ausgewogene und auf unseren persönlichen Stoffwechsel abgestimmte Speisen.
Ja, unser Körper ist klug und weise. Manchmal verstehen wir ihn nicht so genau, aber wenn wir uns ein bisschen Zeit dafür nehmen, ihm unterschiedliche Speisen anbieten und „hören", was er sagt, also fühlen, wie es uns dabei geht, dann sind wir ernährungstechnisch auf einem guten Weg. Im Moment prasseln ja ganz unterschiedliche Studien und Erkenntnisse über Ernährung auf uns ein. Einmal darf man Brot essen, dann wieder nicht, manchmal ist das Fleisch verpönt, dann wieder nicht. Kaffee ist manchmal schädlich, dann wieder gesund, Weizen ein No-Go, dann sollen es nur Körner sein …
Da verliert man ja fast den Überblick, da kennt sich doch niemand mehr aus.
Deshalb glaube ich, dass ein gesunder Körper noch immer der beste Ratgeber ist. Ein wenig von allem ist die goldene Mitte und unser Wohlbefinden der Maßstab der Dinge. Denn wir Menschen sind so verschieden. Nicht für alle gilt das Gleiche. Nicht für jeden gibt es den einen „goldenen" Geschmack. Wie heißt es so schön: „Geschmäcker sind hienieden von Fall zu Fall verschieden!" Und ich persönlich finde das auch gut so.
Ich bin für absolute Freiheit beim Essen. Es soll doch jeder genau das essen, was ihm schmeckt und vor allem was ihm guttut. Speziell auch bei Kindern. Die haben noch ein ganz feines Gespür dafür, was für sie gut ist. Wenn man sie lässt.
Apropos Freiheit: Ich finde es auch nicht so essentiell, ob man Tomaten oder Paradeiser sagt oder Erdäpfel oder Kartoffeln. In unterschiedlichen Gegenden sagt man halt unterschiedlich dazu (da gibt es ja noch ganz viele österreichische Namen dafür). Ist es nicht am wichtigsten, dass es diese Nahrungsmittel gibt und dass sie gut schmecken? Und solange wir uns untereinander verstehen, ist doch alles gut oder?
Das Untereinander-Verstehen ist für mich auch so ein Thema beim Kochen: Essen ist für mich eine der schönsten Arten der Kommunikation. Gemeinsam kochen, gemeinsam essen, sogar gemeinsam einkaufen am Markt oder im Geschäft – ist für mich einfach schön.
Das gemeinsame Planen eines Essens hat für mich auch mit Liebe und Freundschaft zu tun. Es ist eine Art von „geistiger Fellpflege". Man kommt dabei ins Reden und Ausreden, ins

Diskutieren und wenn's passt auch ins Philosophieren. Beim gemeinsamen Essen lässt sich manches leichter sagen, vieles wird leichter aufgenommen, die Stimmung ist ruhiger und friedlicher.

Ich habe mir schon oft gedacht, dass vielleicht so mancher Konflikt bei einem guten Essen abgesagt worden wäre. Aber das ist wohl leider nur ein Traum. Dieses wunderbare Gefühl, dass jemand für mich etwas gekocht hat, mit viel Liebe und dem Wunsch mir etwas Gutes zu tun, ist herrlich. Etwas ganz Besonderes. Und deshalb koche ich auch so gern für meine Lieben. Auch wenn es nicht immer funktioniert, auch wenn manchmal ein „Hoppala" passiert, es geschieht immer mit Freude und aus dem Wunsch heraus, etwas Liebes zu tun.

Ich wünsche Ihnen viel Spaß mit meinem neuen Kochbuch, viele schöne, lustige und spannende Stunden beim Essen, Lachen und Diskutieren und viele Menschen, mit denen es Spaß macht, gemeinsam zu kochen, zu essen und zu genießen.

In diesem Sinne
Ihre

Elisabeth Engstler

Alles, was leicht geht, ist gut

Allerliebste Leserin und allerliebster Leser! Oder sollte ich besser sagen: „Allerliebste Buchdurchblätterin und allerliebster Buchdurchblätterer"? Denn schließlich handelt es sich bei meinem neuen Buch um ein Kochbuch. Und Kochbücher blättere ich meist einfach nur durch und bleibe dann bei den schönen Fotos hängen. Das ist natürlich auch bei diesem so gedacht. Und trotzdem möchte ich Ihnen ein bisschen etwas erzählen. Erzählen über meinen Leit-Spruch (nicht Leid-Spruch): Alles, was leicht geht, ist gut!

Nein, nein, nein! Ich bin nicht jemand, der Arbeit scheut oder nicht gerne in eine Sache Energie investiert. Wenn ich etwas tue, dann tue ich es mit Leidenschaft und ganz. Nur keine Halbzeit, sage ich immer. Allerdings: Wenn etwas große Schwierigkeiten macht, wenn nur Probleme auftauchen, wenn man sich schwer und bald auch kraftlos bei einer Sache fühlt, dann ist es meistens nicht das Richtige.

Denn wenn etwas wirklich stimmig ist, wenn es wirklich so sein soll, dann muss man zwar Energie investieren und viel Arbeit hineinstecken und auch etwas tun, aber trotzdem geht es irgendwie leicht.

Und so ist es auch beim Kochen. Für mich sind die schmackhaftesten Gerichte nicht unbedingt die kompliziertesten. Wenn die Zutaten stimmen und man weiß, wie man es macht, dann geht das auch ganz leicht und schmeckt unglaublich köstlich.

In diesem Sinne habe ich meine Rezepte ausgewählt: Leicht, einfach, meistens schnell und unglaublich köstlich! Damit man auch noch genügend Zeit zum gemütlichen Essen und Miteinander-Plaudern hat. Denn das ist für mich das Wichtigste daran, das Miteinandersein und in der schönsten Art und Weise zu kommunizieren: zusammen sitzen, genießen und miteinander reden. Das ist und bleibt meine absolute Lieblingsbeschäftigung.

Es ist natürlich toll, ein 5-Gang-Haubenmenü kreieren zu können. Und natürlich auch, dieses zu genießen. Aber meistens habe ich Lust auf ganz einfache und klare Speisen. Ein echtes Bedürfnis danach. Zum Beispiel auf richtig gute Kartoffeln mit Butter und Salz. Das war übrigens immer mein Lieblings-Geburtstagsessen als Kind!

Auf ein Butterbrot mit Schnittlauch und Salz oder eine vollreife Birne, in Spalten geschnitten und mit ganz weichen Camembertstücken drauf. Das ist ganz leicht zu machen, aber oft genauso genussvoll wie eine aufwendige Mahlzeit. Ganz einfach, aber köstlich!

Natürlich, so ein Teller mit einem „Schäumchen" hier, einem „Püreechen" dort, mit vielen unterschiedlichen Zutaten darauf und noch dazu so schön dekoriert wie ein Gemälde – das ist ein Traum! Aber eben nicht für jeden Tag. Manchmal ist mir das auch zu viel und, abgesehen davon, ist es auch sehr teuer. Und oft auch gar nicht das, was ich gerade brauche. Denn vor allem in Zeiten von großer Anspannung, Hektik, Stress und wenig Zeit zum Genießen sind es oft die einfachen Genüsse, die mich glücklich machen. Mich erden und wieder runterkommen lassen.

Wichtig ist nur, dass gerade bei einfachen Gerichten die einzelnen Lebensmittel wirklich von guter Qualität sind. Wirklich reif und damit im vollen Geschmack. Also am besten saisonal, regional und, wenn es geht, in Bioqualität.

Das ist leider noch immer sehr teuer, aber es reicht schon, wenn man wenigstens genau weiß, woher die Produkte kommen. Also vom Bauernhof oder von kleinen Produzenten in Ihrer Nähe. Es gibt auch immer mehr Einkaufsgemeinschaften, sogenannte Foodcoops, in Österreich, die einem das Aufspüren solcher Lebensmittel erleichtern. Dort trifft man vielleicht auch auf Gleichgesinnte.

Und am allerbesten schmeckt es natürlich frisch geerntet aus dem eigenen Garten oder vom Balkon. Dazu braucht man nur etwas Zeit, Geduld und einen grünen Daumen. Dafür erspart man sich so manche Stunde im Fitnessstudio.

Aber wenn es mit dem eigenen Obst und Gemüse nicht funktioniert, dann sind auch frische Kräuter am Fensterbrett ein großer Gewinn für Ihre Küche.

Mut und Gelassenheit

Wenn Sie über sehr viel Mut in der Küche verfügen, dann probieren Sie entweder das neue Rezept aus dem tollen Kochbuch aus, wenn Sie heikle Gäste erwarten, oder Sie überlassen die Küche Ihren Kindern – das ist dann die wahre Herausforderung. An unseren Mut und unsere Gelassenheit. Und es kann beides so oder so ausgehen. Das mit dem ausgefallenen neuen Rezept vor neuen Gästen habe ich schon probiert und es ist großartig in die Hose gegangen. Allerdings habe ich dadurch ganz neue Seiten der zuerst eher nur entfernten Bekannten kennengelernt und dadurch neue Freunde gewonnen. Denn als das Chaos mit dem danebengegangenen Essen am Höhepunkt war, sind wir plötzlich alle in meiner Küche gestanden, haben gelacht, Wein getrunken, Geschichten über ähnliche Kochunfälle erzählt und bei einem „Restlessen" aus dem Kühlschrank einen sehr lustigen Abend verbracht.

Und das mit den Kindern in der Küche kenne ich auch. Sehr gut. Denn meine Tochter gibt mir manchmal Küchenverbot. Das letzte Mal hat sie mich an einem Sonntagmorgen aus der Küche verbannt und wieder ins Bett geschickt, denn sie mache heute Frühstück.

Das Resultat ist auf Seite 44 nachzulesen. Es dauerte zwar wesentlich länger als ein normales Sonntagsfrühstück, aber es war beeindruckend: die Serviette gefaltet neben dem Brot, ein Obst- und Gemüseteller und ein „Asiatischer Nudelcocktail à la Amelie". Das schmeckte unheimlich gut. Mit Soja und Avocados. Nicht unbedingt, was ich mir als Frühstück erwartet hatte, aber absolut köstlich. Und angerichtet war das Gericht in einem langstieligen Cocktailglas, dekoriert mit Essstäbchen. So schön!!! Mein Mutterherz war gerührt.

Die richtigen Tränen sind mir allerdings erst dann gekommen, beim Blick in die Küche: eine echte Verwüstung. Da waren sie wieder, diese tollen Eigenschaften, die man manchmal ganz dringend braucht, um im Leben zu bestehen: Mut und Gelassenheit. Jetzt waren sie gefragt! Aber um meiner Tochter Gerechtigkeit widerfahren zu lassen: Sie hat beim Aufräumen und Putzen geholfen. Halbe-halbe. Es war wirklich ein wunderschöner Sonntag.

Geschmäcker der Kindheit

Das frischgebackene, knusprige Brot, auf dem die Butter zerrinnt.
Vollreife Tomaten aus Opas Garten, direkt vom Strauch gegessen.
Muttis Grillhenderl mit viel frischem Rosmarin.
Das sind einige meiner kulinarischen Erinnerungen an die Kindheit.
Und das alles sind Geschmäcker, die mich ein Leben lang begleiten. Und immer wieder glücklich machen können. Denn diese ganz frühen lustvollen Geschmackserlebnisse prägen sich besonders ein und stehen ein Leben lang für bestimmte einmal erlebte Gefühle.
So erinnert mich der Duft von getoastetem Striezel immer an das Gefühl der Geborgenheit beim Sonntagsfrühstück meiner Kindheit.
Oder der Duft einer warmen Leberkäsesemmel an die fürsorgliche Liebe meiner Großmutter, die nie vergaß, für mich eine mitzunehmen.
Oder der Geschmack frischer Zuckererbsen an die zufriedene Heiterkeit meines Großvaters, wenn er in seinem Garten arbeitete.
Wir verbinden Erinnerungen nicht nur mit Bildern, sondern zumeist auch mit bestimmten Geschmäckern und Gerüchen.
Deshalb finde ich es auch so wichtig, Kinder möglichst viele unterschiedliche Speisen kosten zu lassen. Ihnen zu zeigen, wie man etwas genussvoll isst. Wie man sich an den Farben und Formen unserer Lebensmittel erfreuen kann. Welche Vielfalt an Kräutern, Beeren und Pilzen in der Natur zu finden ist. Einfach zu zeigen, wie schön Genießen sein kann.
Erinnern Sie sich noch an den Lieblingsgeschmack Ihrer Kindheit?
Das ist sicher auch heute noch ein besonderer Gaumenkitzel für Ihre Seele!

Oft höre ich Leute jammern: „Mein Gott, die Kinder, was die essen! Alles nur Junk-Food. Am liebsten jeden Tag Pommes und Pizza! Grauenhaft!"
Finde ich nicht!
Ich finde, Kinder haben oft ein sehr genaues Gespür dafür, was gut für sie ist und was nicht. Wenn man sie lässt. Ich bin dafür das beste Beispiel. Als ich noch klein war, hat meine Mutter in dem Glauben, Leber sei eine wichtige Eisenquelle für uns Menschen, versucht, mir Leber in den unterschiedlichsten Formen schmackhaft zu machen. In Knöderln, in Aufstrichen, gebacken. Nichts hat genützt. Alles habe ich ausgespuckt. Auch zum Beispiel Tomaten – keine Chance, dass ich die gegessen hätte.
Und jetzt raten Sie mal, was ich heute am liebsten esse? Genau: Leber und Tomaten. Das hat sich von selbst ergeben. Ich habe als Kind diese Nahrungsmittel einfach nicht wollen. Mein Vater dagegen verlangte von mir nie etwas zu essen, was mir nicht schmeckte. Er bestand nur darauf, fremde und neue Speisen zumindest einmal zu kosten, um sie wirklich beurteilen zu können. Auch im Restaurant. Hat es mir wirklich nicht geschmeckt, durfte ich etwas anderes bestellen.
Und unsere Geschmackspapillen entwickeln sich. Also verändern sich auch unsere Vorlieben in Bezug auf Speisen. Das sollte man ganz ruhig und entspannt wachsen lassen. Wichtig ist nur, dass man den Kindern die Möglichkeit zum Ausprobieren gibt. Und auch

die Möglichkeit, etwas, das nicht schmeckt, abzulehnen. Dann können Kinder ihre angeborene Neugierde auf alles Neue ausleben und ihren „Geschmackshorizont" erweitern. Und darum geht's doch schließlich: wann immer möglich nur das zu uns zu nehmen, was uns schmeckt und gut für uns ist.

Kinder haben noch dieses feine Gespür für den eigenen Körper. Sie fühlen instinktiv, was sie brauchen und was gut für sie ist. Das ist so ein wertvolles Gut. Viele Erwachsene könnten sich aufwendige Diäten und sonstige Kasteiungen ersparen, hätten sie noch dieses instinktive Gefühl für ihren Körper. Der uns zumeist ganz genau sagt, wann er was und wie viel von etwas braucht. Nur hören wir nicht immer auf ihn. Und das ist sicher ein großer Fehler.

Also seien Sie bitte nicht böse, wenn Ihr Kind das Lieblingsgericht von Papa nicht so toll findet. Ist vielleicht derzeit nicht ganz das Richtige. Aber das kann sich jederzeit ändern, wenn man keinen großen Wirbel darum macht.

Ordnung in der Küche

„Ordnung ist das halbe Leben!"

„Wer Ordnung hält, ist nur zu faul zum Suchen!"

Zwischen diesen beiden Extremen bewege ich mich ständig.

Ordnung ist ein absolutes Thema für mich. Ordnung zieht mich an, Ordnung fordert mich heraus. Ordnung wirkt so verführerisch. Auch und vor allem in der Küche. Doch gibt es sehr unterschiedliche Möglichkeiten, diese Ordnung zu erreichen, je nach „Ordnungstyp" beim Kochen.

Die einen kochen im Rausch der Kreativität und hinterlassen ein richtiges Töpfe-Teller-Schlachtfeld in der Küche. Die müssen dann nach dem Essen noch einen ziemlichen Kraftakt vollbringen, um die Ordnung in der Küche wiederherzustellen.

Die anderen waschen beim Kochen immer wieder zwischendurch etwas ab und räumen nicht mehr benötigte Töpfe, Kochutensilien oder Lebensmittel gleich weg. Somit ist nach dem Essen schon alles so gut wie fertig. Sauber, rein und ordentlich. Herrlich!!!

Da ich nach dem Essen gerne noch gemütlich am Tisch sitzen bleibe, gehöre ich eher zur zweiten Kategorie.

Außerdem teile ich nicht so gern Essen aus. Keine Ahnung warum, aber es ist einfach so. Deshalb ziehe ich es meist vor, die anderen austeilen zu lassen. Und ich nutze die Zeit, um die Reste der Kochspuren noch zu entfernen.

Einkaufen und wegwerfen

Einkaufen gehört für mich zum genussvollen Kochen und Essen ganz einfach dazu. Es kann auch wirklich genussvoll sein, wenn
◦ man genügend Zeit hat,
◦ das nötige Kleingeld besitzt,
◦ man alles findet, was man sucht
und
◦ eine Einkaufsliste dabei hat!

Ich schreibe unheimlich gern Einkaufslisten, möglichst genau und detailliert. In letzter Zeit habe ich mir auch angewöhnt, die Liste nach der Regalbestückung des Geschäftes, in dem ich einkaufe, zu ordnen.

Also gleich zu Beginn schreibe ich alles auf, was im Obst- und Gemüseregal zu finden ist – so ist es auch im Geschäft der erste Anlaufpunkt.

Danach kommen alle Produkte, die ich aus der Kühlvitrine brauche, dann die Nudel-, Mehl-, Reis-Abteilung und so weiter bis zum Tiefkühlregal und den Süßigkeiten.

Das erspart eine Menge Zeit, Geld und Nerven. Ist einfach praktisch und hat sich bei mir sehr bewährt.

Aber trotzdem liebe ich es auch ganz einfach auf einem Markt herumzuschlendern, in einem neuen Lebensmittelgeschäft auf Entdeckungsreise zu gehen oder in echten Hofläden und bei kleinen, aber feinen Bio-Produzenten herumzustöbern und direkt einzukaufen.

Man bekommt dort auch immer wieder gute Tipps und lernt eine Menge.

Aber das darf bei mir nur die Ausnahme sein, denn ich bin dann immer so von den herrlichen Lebensmitteln begeistert, dass ich immer viel zu viel kaufe. Und das ist nicht nur sehr teuer, sondern auch nicht sehr intelligent und umweltbewusst, geschweige denn nachhaltig. Denn dann kommt es unweigerlich dazu, dass auch bei bestem Bemühen und trotz der Devise „Ich verkoche ja eh alles!" einiges weggeworfen wird. Das sind in Österreich jedes Jahr viele Tonnen guter Lebensmittel. Und das ist wirklich traurig.

Das lässt sich mit gut geschriebenen Einkaufslisten und vorausschauender Vorratsplanung sehr verringern oder fast vermeiden.

Deshalb möchte ich Ihnen das Schreiben von Einkaufslisten wirklich ans Herz legen.

Am besten gleich den Stift mitnehmen, damit man bereits im Einkaufskorb liegende Lebensmittel abstreichen kann. So verliert man bei Großeinkäufen nicht den Überblick.

Und bitte machen Sie es nicht so wie ich und lassen Sie die schön geschriebene Einkaufsliste dann doch zu Hause am Küchentisch liegen.

MEINE FREIHEIT DES GENIESSENS

Wichtig ist für mich der richtige Fokus in der Küche. Der liegt nicht so sehr auf dem Kochen, sondern ganz gezielt auf dem Essen. Das ist für mich die Hauptmotivation beim Kochen. Nicht die Hoffnung, irgendwann mal Haubenniveau zu erreichen oder den Applaus der Gäste zu ernten.

Mein Fokus liegt ganz eindeutig beim Essen, beim Genießen. Bei der Vorfreude auf den kommenden Genuss. Und ich will essen, was ich will, wann ich will, wo ich will, mit wem ich will, so viel ich will und vor allem: ganz gemütlich. Also koche ich sehr gerne selbst!

Schön Essen zu gehen, ist schon auch sehr fein. Aber es ist halt mitunter teuer, man muss sich ordentlich anziehen und an Öffnungszeiten halten und zumeist fällt mir im Moment des größten Hungers kein Lokal in der Nähe ein. Also – hinein in die Küche und schauen wir mal, was der Kühlschrank so hergibt! Und das, wann ich will, mit wem ich will und gerne auch im gemütlichen Hausanzug. Das nenne ich meine Freiheit des Genießens. Da redet mir keiner etwas drein. Der einzige Chef ist mein Gusto. Und natürlich meine Tochter. Die hat da ein gehöriges Maß mitzureden. Aber das ist eine andere Geschichte ...

Fleischlos glücklich

Parmesan mit Aceto balsamico, Olivenöl und Focaccia

1 großes Stück junger Parmesan	Den Parmesan in mundgerechte Stückchen brechen und auf 3 Schüsseln verteilen.
4 EL alter, dickflüssiger Aceto balsamico	Jeweils eine Schüssel mit Olivenöl, die nächste mit Aceto balsamico und die dritte mit Trüffelöl beträufeln. Auf den Tisch stellen. Fertig
4 EL feinstes Olivenöl	
1 EL Trüffelöl	

Focaccia

360 g Mehl
180 g Kartoffelpüree-Pulver
1 Würfel Hefe
1 Prise Meersalz
6 EL Olivenöl
Oliven-Öl zum Beträufeln
50 g schwarze Oliven
ein Zweig Rosmarin, gezupft

Für die FOCACCIA Mehl mit dem Kartoffelpüree-Pulver und dem Meersalz vermischen.

Die Hefe in 500 ml lauwarmem Wasser auflösen und unter die Mehlmischung geben. Dann das Olivenöl zugeben, alles gut verkneten und circa 40 Minuten ruhen lassen.

Teig anschließend noch einmal gut durchkneten und circa 3 cm dick ausrollen. Auf ein mit Backpapier belegtes Blech legen und nochmals mindestens 10 Minuten gehen lassen.

Den Ofen auf 180 °C vorheizen. Teig mit Olivenöl beträufeln und mit den Fingern Löcher eindrücken. Mit den Oliven und den Rosmarinnadeln bestreuen.

Danach die Focaccia ca. 10 min goldbraun backen.

♡ Wenn Sie statt der Focaccia einfach ein knuspriges Baguette servieren, ist das die schnellste und einfachste Vorspeise der Welt. Aber absolut köstlich!!!
Da zeigt sich mal wieder, dass es oft besser ist, nicht zu viel zu machen, wenn die Produkte hochwertig sind. Einfach, klar, edel. Und ein Feuerwerk für Ihre Geschmackspapillen!

Weihnachtseier à la Waltraud

**6 Eier, hart gekocht,
in Scheiben geschnitten**
4 EL Mayonnaise
4 EL Joghurt
**1 große Tomate,
enthäutet und gewürfelt**
3 EL Ketchup
**1 Handvoll Kräuter
(Kerbel, Dille, Petersilie,
Schnittlauch)**
Salz, Pfeffer

Die Eier auf eine große Platte auflegen, Tomatenwürfel darüberstreuen.

Mayonnaise, Joghurt, Ketchup und Kräuter mischen, mit Salz und Pfeffer abschmecken und über Eier und Tomaten streichen. Das Ganze einige Stunden kalt stellen.

Schafkäseröllchen

200 g Schafkäse
1–2 EL Sauerrahm
**2 große, runde Blätter
Filoteig (gibt's
in türkischen
Lebensmittelläden)**
**1/2 l Pflanzenöl oder
Frittierfett**
**je 1 Bund Dille und
Petersilie, fein gehackt**
**1 Knoblauchzehe,
fein gehackt**

Schafkäse mit dem Sauerrahm verrühren und mit Kräutern und Knoblauch vermischen.

Filoteig in je 12 gleich große Tortenstücke schneiden. Auf die breiten Seiten der Dreiecke jeweils 2 TL Käsefüllung geben, die Seiten etwas darüberklappen und zur Spitze wie eine Zigarre aufrollen. Spitzen mit etwas Wasser bepinseln und festkleben.

Im heißen Öl ca. 4–5 min frittieren.

Auf Küchenkrepp abtropfen lassen und mit Zaziki servieren.

♡ *Köstlich schmecken die Röllchen auch mit anderer Füllung. Z. B. mit etwas Faschiertem und fein geschnittenem Lauch oder mit Karotten und Sojasprossen. Damit kann man sehr gut etwaige Reste verarbeiten.*

♡ Das sind meine Lieblinge am Familien-
Weihnachtsbüffet am 26. 12. in Kärnten.
Ich muss es gestehen: Da könnte ich richtig unmäßig
werden! Nur leider sind die immer so schnell weg.
Da heißt es dann wieder warten auf das Christkind
im nächsten Jahr! Oder selber machen.

Gerösteter Knoblauch mit Brot

4 Knollen Knoblauch
4 EL Olivenöl
3 TL Meersalz

Die ungeschälten Knoblauchknollen auf ein Backblech legen. Mit Olivenöl beträufeln und im Backofen bei 180 °C Heißluft circa 25 Minuten rösten.

Nach etwa 10 Minuten mit Meersalz bestreuen. Am Teller den weichgegarten Inhalt der einzelnen Zehen aufs Brot drücken.

♡ *Das ist auch etwas für Menschen, die den Knoblauchgeruch nach dem Essen nicht mögen. Der Knoblauch verliert nämlich viel von seiner Geruchsfülle und schmeckt trotzdem wunderbar.*

Brot

420 g Mehl
350 ml lauwarmes Wasser
10 g Hefe
1 EL Salz

Die Hefe im warmen Wasser auflösen.

Das Mehl mit dem Salz in einer großen Schüssel, am besten mit Deckel, mischen. Hefe kurz mit einem Holzlöffel unter das Mehl rühren. Die Schüssel verschließen oder mit einem sauberen Küchentuch abdecken. Ca. 15–20 Stunden oder zumindest über Nacht stehen lassen. Es entsteht ein Teig mit vielen Blasen.

Den Teig auf ein mit Mehl bestäubtes Backpapier geben, dort von allen vier Seiten einmal falten, bis er die Form eines Brotes hat. Mit dem Backpapier wieder in eine Schüssel geben, diese verschließen und den Teig nochmals 1 Stunde gehen lassen.

Ofen auf 200 °C Heißluft aufheizen und einen dicken Bräter darin 30 Minuten gut erhitzen lassen. Brotteig mit Backpapier in den Bräter legen und im Backofen mit Deckel circa 30 Minuten backen. Deckel abnehmen und den Teig bei 175 °C weitere 30 Minuten backen. Fertig.

♡ *Am besten gleich doppelten Teig machen, denn dieses Brot ist so schnell weggegessen, dass man sicher ein zweites braucht.*

Kartoffeln mit Radieschenbutter und Kernöltopfen

750 g heurige Kartoffeln	
200 g Butter	
2 Bund Radieschen	
1 Bund Schnittlauch	
Salz, Pfeffer	

Kernöltopfen

250 g Topfen, mager	
1/2 Zwiebel, fein gehackt	
1 Knoblauchzehe,	
fein gehackt	
4–5 EL Kernöl	
Salz, Pfeffer	

Die Kartoffeln ungeschält in Salzwasser weich kochen.

In der Zwischenzeit die weiche Butter mit Pfeffer und Salz glatt rühren. Die Radieschen mit einer Juliennereibe fein raspeln, fest ausdrücken und unter die Butter rühren. Schnittlauch schneiden und beifügen.

Die Zwiebel und den Knoblauch unter den Topfen mischen, mit Salz, Pfeffer und Kernöl abschmecken.

♡ *Die gekochten, ungeschälten Kartoffeln mit der Radieschenbutter und dem Kernöltopfen servieren. Geschält wird erst am Tisch. Wenn die Kartoffeln länger in der Schale bleiben, werden sie noch speckiger und schmecken mir noch besser.*

Knusprige Hanf-Kartoffeln

500 g Kartoffeln	
3 EL Rapsöl	
100 g Schälhanf	

Kartoffeln schälen, waschen und in große Würfel schneiden. Die Kartoffelwürfel mit Öl bestreichen und im Schälhanf wälzen.

Auf ein mit Backpapier belegtes Blech verteilen und bei 180 °C Heißluft ca. 40 Minuten backen.

♡ *Das ist eine wunderbare Variante für Kartoffeln. Mit einer meiner Saucen sehr gut zu kombinieren.*

Mozzarella-Sandwiches

**8 große Toastbrotscheiben
vom Vortag, entrindet
150 g Mozzarella,
in Scheiben geschnitten
2 Zweige Oregano
2 EL Olivenöl
Salz und schwarzer Pfeffer
aus der Mühle
3 Eier
3 EL Milch
1 Eiklar
2 EL Mehl
1/2 l Öl zum Ausbacken**

Garnitur

**3–4 grüne Salatblätter
1 Frühlingszwiebel
2 Tomaten**

Jeweils zwei Scheiben Mozzarella in die Mitte von vier Toastscheiben legen, mit Oregano bestreuen, mit einem Esslöffel Öl beträufeln, salzen und pfeffern. Restliche vier Toastscheiben darauflegen. Eier und Milch in einer Schüssel mit dem Schneebesen verquirlen, salzen und pfeffern.

Eiklar in einer extra bereitgestellten Schüssel mit der Gabel verschlagen.

Ränder der Toastbrotscheiben mit Eiklar bepinseln und gut zusammendrücken. Zusammengepresste Sandwiches von beiden Seiten in Mehl wenden und nebeneinander in eine flache Arbeitsschale legen. Eiermilch darübergießen. Sandwiches so lange liegen lassen, bis die Flüssigkeit aufgesogen ist. Dabei einmal wenden.

Öl in einer tiefen Pfanne auf 180 °C erhitzen. Jeweils zwei Sandwiches darin ca. 4 Minuten pro Seite goldbraun backen.

Mit einer Schaumkelle herausheben und auf Küchenkrepp abtropfen lassen.

Auf grünem Salat, geschnittener Frühlingszwiebel und Tomaten anrichten.

♡ *Dieses Rezept stammt ursprünglich aus Neapel. Und da die Italiener vom Olivenöl nicht genug bekommen können, beträufeln Sie die Mozzarella-Sandwiches vor dem Essen noch mit extra Olivenöl. Schmeckt natürlich genial.*

Dodo-Tarte x 3

Pro Tarte

1 Pkg. fertiger salziger
Mürbteig

Tarte 1

1 Dose Birnen, ca. 300 g,
in Scheiben
150 g Gorgonzola,
zerbröselt

Tarte 2

150 g Feta, zerbröselt
15 schwarze Oliven
1/2 roter Paprika,
in Würfeln
1 rote Zwiebel,
in dünnen Scheiben

Tarte 3

1 kl. Glas gegrillte Paprika
1 kl. Glas getrocknete
Tomaten in Öl
1 Zwiebel, in Scheiben
glasig gedünstet
1 EL Öl

Guss pro Tarte

1 Becher Sauerrahm
2 Eier
80 g geriebener Käse
(2 Handvoll)
Salz, Pfeffer, Muskat

Den fertigen Mürbteig aus der Packung nehmen und mit dem Backpapier auf eine Backform ca. 30 x 40 cm legen. Einen Rand formen und mit einer Gabel Löcher in den Boden stechen.

Im vorgeheizten Rohr bei 220 °C Heißluft circa 5–7 Minuten backen, bis der Tarteboden hart ist und etwas Farbe angenommen hat. Herausnehmen und mit der jeweiligen Tartemischung belegen.

Die Gussmasse darübergießen und ab ins Rohr. Bei ca 220 °C Heißluft für ungefähr 15 min, bis der Guss stockt und Farbe annimmt.

♥ *Das ist ein Rezept meiner Freundin Dodo aus dem Waldviertel. Es darf auf keinem Partybuffet fehlen. Aber Vorsicht: Die Tartes sind immer sofort aufgegessen!*

Gegrilltes Gemüse mit Ofenkartoffeln und Halloumi

Gemüse

2 Zucchini in
1 cm dicken Scheiben
1 Melanzani
in ½ cm dicken Streifen
2 Tomaten, geviertelt
je 1 roter, grüner und
gelber Paprika, geviertelt
1 Lauchstange
in 2 cm dicken Stücken
2 rote Zwiebeln,
geviertelt
1 Knoblauchknolle,
geschält und
in Zehen aufgeteilt
1 Zweig Rosmarin
Olivenöl
Salz, Pfeffer

1 Pkg. Halloumi-Grillkäse

Kartoffeln

1 kg Kartoffeln,
gewaschen und geviertelt
1 Bund Thymian
Olivenöl
Salz, Pfeffer

Sauce

1 Becher Sauerrahm
4 Knoblauchzehen
1 Schuss Olivenöl
Salz, Pfeffer

Als Erstes die ungeschälten Kartoffelstücke auf ein Backblech geben, salzen, pfeffern und mit Olivenöl beträufeln, damit alle Kartoffeln mit Öl benetzt sind. Zum Schluss Thymian abrebeln und über die Kartoffeln streuen.

Bei 220 °C Heißluft für ca. 45 min ins Backrohr schieben.

Dann das Gemüse in eine beschichtete Form füllen, salzen, pfeffern und mit Olivenöl übergießen. Alles gut durchmischen, damit das Gemüse mit Öl benetzt ist. Mit den Rosmarinnadeln bestreuen. Das Gemüse für die restlichen 30 Minuten zu den Kartoffeln ins Rohr schieben.

In der Zwischenzeit die Zutaten der Sauce zusammenrühren und kalt stellen.

Den Halloumi in 1/2 cm dicke Scheiben schneiden und in ganz wenig Öl in einer Pfanne beidseitig braun anbraten.

Nach Hälfte der Bratzeit die Kartoffeln und das Gemüse wenden. Nach ca. 45 min die Kartoffeln aus dem Rohr nehmen und das Gemüse eventuell noch mit der Grillstufe 5–10 kurz grillen, bis alles ein bisschen braun ist.

♡ *Das ist das absolute Lieblingsessen meiner Tochter. Demzufolge gibt es das bei uns oft, sehr oft!!! Aber es schmeckt ja wirklich gut.*

Spargel Frittata

500 g grüner Spargel
40 g Butter
Salz, eine Prise Zucker
sechs Eier, verquirlt
40 g Butterschmalz
2 EL Öl
50 g Parmesan, gerieben

Von den Spargelstangen die unteren holzigen Enden abbrechen und nicht verwenden. Den Spargel in 4 cm lange Stücke schneiden.

1/8 l Wasser mit einer Prise Salz und Zucker und etwas Butter zum Kochen bringen. Spargel hineingeben und circa 7 Minuten kochen lassen. Herausnehmen und abtropfen lassen.

Die Eiermasse salzen und Butterschmalz in einer ofenfesten Pfanne erhitzen. Spargel darin kurz anbraten und mit der Eiermasse übergießen. Bei milder Hitze vorsichtig stocken lassen. Restliche Butter auf der Frittata verteilen. Für 4–5 Minuten unter dem Grill oder bei starker Oberhitze überbacken. Mit geriebenem Parmesan bestreuen und servieren.

Grüne Chips

300 g Kohl
3 EL Olivenöl
2 EL Erdnussbutter
1 TL Salz
1 TL Paprikapulver, etwas Chili-Pulver

Marinade zusammenrühren, Kohl waschen und trocknen und das Backrohr auf 130 °C vorheizen.

Den Kohl in Stücke zerpflücken und mit der Marinade in einer Schüssel vermischen.

Den Kohl auf das mit Backpapier ausgelegte Blech legen und bei 130 °C eher trocknen als backen. Zwischendurch immer wieder das Backrohr öffnen, damit die Feuchtigkeit abziehen kann.

Wenn der Kohl trocken und knusprig ist, aus dem Rohr nehmen.

♡ *Also wenn schon Chips, dann so köstliche, die noch dazu nicht so viel Fett haben. Man kann so echte Bio-Chips selber machen. Habe ich bei einer Kindergeburtstagsfeier kennengelernt. Das war auch bei den Kindern dort der Hit.*

♡ Das ist wieder so ein einfaches und köstliches Gericht.
Schmeckt warm oder kalt sehr gut.
Ich liebe grünen Spargel. Er schmeckt herrlich, muss fast nicht
geschält werden und man kann ihn auch einfach in einer
Pfanne in etwas Butter rösten und essen. Außerdem ist er
enorm gesund und reinigt und entschlackt.
Gerne schneide ich ihn roh in den Salat oder tauche ihn in
eine gute Sauce, z. B. Aioli, und beiß einfach davon ab.

♡ Eine weitere Methode, die gebräunte Haut leicht von den Paprikaschoten abziehen zu können, ist die mit dem Plastiksackerl. Einfach die Paprika aus dem Rohr nehmen und hinein in ein Gefriersackerl. Zubinden und einige Minuten warten. Dann geht die Haut viel leichter herunter.

Paprika mit Schafkäsefüllung

4 rote Paprikaschoten

Füllung

40 g Pinienkerne
300 g Feta-Schafkäse
1 Ei
3 EL Sauerrahm
richtig gemeiner Pfeffer
1/8 l Gemüsesuppe
3 Lorbeerblätter
4 EL Olivenöl

Paprika auf ein Backblech legen und auf höchster Stufe unter dem vorgeheizten Grill so lange backen, bis die Haut Blasen wirft und bräunt. Herausnehmen und ein kaltes, nasses Geschirrtuch auflegen. Nach 15 Minuten die Haut vorsichtig abziehen. Schoten längs einschneiden.

Für die FÜLLUNG die Pinienkerne in einer Pfanne ohne Fett leicht rösten und abkühlen lassen. Schafkäse mit einer Gabel zerdrücken und Pinienkerne, Ei, Sauerrahm sowie Pfeffer unterrühren. Diese Masse vorsichtig in die Schoten füllen und die Öffnung zusammendrücken.

Suppe und Lorbeerblätter in eine ofenfeste Form geben und die Schoten hineinsetzen. Mit Öl beträufeln und im vorgeheizten Backofen bei 180 °C Heißluft etwa 35 Minuten garen.

Dazu passen sehr gut gekochte Kartoffeln oder man isst die Paprikaschoten kalt.

Kartoffelpüree mit Steinpilzen

1 kg mehlige Kartoffeln
50 g getrocknete Steinpilze
200 ml Milch
3 EL Butter
etwas Schlagobers
2 Schalotten
Salz
Butter zum Anschwitzen
1 EL Thymian

Die Kartoffeln schälen und in grobe Würfel schneiden. In etwas Salzwasser circa 20 Minuten weich kochen. Getrocknete Steinpilze circa 10 Minuten in warmem Wasser einweichen.

Kartoffeln abgießen und durch die Kartoffelpresse drücken. Milch erwärmen und mit Butter und Schlagobers mit einem Schneebesen unter die Kartoffeln ziehen. Mit Salz kräftig abschmecken.

Die Schalotten schälen und klein würfeln. Zusammen mit den Pilzen und Thymian kurz in etwas Butter anschwitzen. Dann zwei Drittel der Pilze unter das Kartoffelpüree heben. Mit dem Rest der Pilze bestreuen. Passt sehr gut zu Wildgerichten.

♡ *Ein Traum ist dieses Kartoffelpüree mit frischen Steinpilzen. Aber die hat man halt nicht so oft. Auch Kräuterseitlinge, Shiitake- oder Lemonenpilze schmecken sehr gut und sind fast das ganze Jahr in Bioqualität erhältlich.*

Sauerkrauttaschen

Teig

300 g Mehl
1 Ei
1/8 l Milch
1 TL Salz

Für den TEIG das Mehl in eine große Schüssel sieben und eine Vertiefung in die Mitte drücken. Ei, Milch und Salz hineingeben. Mit einem großen Löffel die flüssigen Zutaten langsam mit dem Mehl vermischen und dann den Teig kräftig kneten, bis er so fest ist, dass man ihn zu einem Ball formen kann.

3 Minuten lang kalt stellen.

Fülle

60 g Butter
500 g Sauerkraut, fein gehackt
150 g Zwiebeln, fein gehackt
1/4 TL Zucker
1/2 TL Salz
5 EL Sauerrahm
frisch gemahlener Pfeffer
4 Knoblauchzehen, gepresst

Für die FÜLLE in einer schweren, großen Pfanne 15 g Butter zerlassen und das Sauerkraut hineinlegen. Bei schwacher Hitze 3–5 Minuten das Sauerkraut trocknen lassen, bis es anfängt, sich leicht am Pfannenboden anzusetzen. Sauerkraut in eine Schüssel schaben.

45 g Butter in der Pfanne zerlassen und die Zwiebeln hineingeben. Bei mittlerer Hitze 5–8 Minuten braten, bis die Zwiebeln weich, aber nicht braun sind.

Das Sauerkraut in die Pfanne zurückgeben, Zucker, Salz, einige Prisen Pfeffer und den gepressten Knoblauch dazurühren und fest zudecken. Bei schwacher Hitze 10–15 Minuten schmoren lassen.

Dann von der Kochstelle nehmen und die 5 EL Sauerrahm hineinrühren und abschmecken.

Den Teig 1/4 cm dick ausrollen und 8–10 cm große Kreise ausstechen. Jeden Kreis mit Eiweiß bepinseln, mit 1 EL Sauerkraut-Füllung belegen und zusammenfalten. Mit den Zinken einer Gabel die runden Ränder zusammendrücken und die Taschen in Salzwasser 8–10 min ziehen lassen, bis sie an die Wasseroberfläche steigen.

Zum Anrichten

4 EL braune zerlassene Butter
1/4 l Sauerrahm
1 Knoblauchzehe, gepresst
Salz

Aus dem Wasser nehmen und mit brauner Butter sowie einer Schüssel Sauerrahm, mit Salz und Knoblauch abgeschmeckt, servieren.

♡ *Das ist eines meiner Lieblingsrezepte und stammt aus Russland. Da es doch aufwendiger ist, mache ich oft die doppelte Menge und friere die Teigtaschen ein. Beim Kochen brauchen sie dann im gefrorenen Zustand ein paar Minuten länger.*

Amelies Curry-Nudeln

250 g Spaghetti
3 EL Mascarpone
1 EL Sauerrahm
1 TL Curry
Je 1/4 TL Thymian,
Rosmarin, Oregano
10 Stück schwarze Oliven,
geviertelt
Salz und Pfeffer

Die Nudeln laut Packungsanleitung kochen.

In einer großen Pfanne Mascarpone und Sauerrahm schmelzen lassen. Curry und restliche Gewürze plus Oliven dazugeben. Zwei Esslöffel des Nudelkochwassers hinzufügen und etwas köcheln lassen.

Zum Schluss die fertig gekochten Spaghetti unterheben.

♡ *Die Kombination der Zutaten ist ein wenig ungewöhnlich, wie üblich bei den Kreationen meiner Tochter Amelie, sie passen aber erstaunlich gut zusammen. Sie hat diese Nudeln in Martinigläsern serviert. Das hat super ausgesehen und toll geschmeckt. Und ich als Mama war natürlich sehr stolz auf mein Kind!!!!*

Tomaten-Eier

8 große Tomaten
1 Zwiebel, fein gehackt
1 Knoblauchzehe
3 Zweige Thymian
2 EL Olivenöl
1 EL Tomatenmark
Salz, frisch gemahlener Pfeffer, Fett für die Form
8 Eier
20 g frisch geriebener Parmesan

Von den gewaschenen Tomaten einen Deckel abschneiden. Das Fruchtfleisch mit einem Löffel aus den Tomaten lösen. Die Tomaten innen salzen und umgedreht etwa 1 Stunde abtropfen lassen.

Zwiebel, zerdrückten Knoblauch und Thymianblättchen in heißem Öl glasig dünsten. Tomateninneres, die grob gehackten Tomatendeckel und Tomatenmark dazugeben und unterrühren, 5 Minuten einkochen lassen. Mit Salz und Pfeffer abschmecken und in eine gefettete Auflaufform geben.

Abgetropfte Tomaten nebeneinander in die Sauce setzen und innen pfeffern. Je ein Ei in einer Tasse aufschlagen, dann in eine Tomate gleiten lassen. Mit Käse bestreuen. Im Backofen bei 150 °C Heißluft etwa 25 Minuten stocken lassen. Dazu gibt's frisch gebackenes Brot.

Paprika-Rahmgurken

1,5 kg Schmor-Gurken
100 g Zwiebeln, fein gehackt
1 Knoblauchzehe, gepresst
2 Bund Dille, fein geschnitten
30 g Butterschmalz
2 TL Paprikapulver, edelsüß
1/2 TL Paprikapulver, scharf
1 TL Zitronenzesten
1 TL Kümmel
1/2 TL brauner Zucker
200 g Sauerrahm
50 g Schlagobers
Salz, Pfeffer

Die Gurken schälen und längs halbieren. Mit einem Esslöffel entkernen und in 2–3 cm dicke Scheiben schneiden. Leicht salzen und zugedeckt beiseitestellen.

Schmalz in einer großen Pfanne erhitzen und Zwiebeln sowie Knoblauch darin circa 5 Minuten anschwitzen. Paprika, Zitronenzesten, Kümmel und Zucker untermischen. Die abgetropften Gurken zugeben, gut durchrühren und bei mittlerer Hitze 6–8 Minuten garen.

Sauerrahm und Schlagobers zugießen, gut verrühren. Noch einmal aufkochen lassen. Mit Salz und Pfeffer abschmecken. Dille erst kurz vor dem Servieren unterheben. Dazu passen wunderbar Röstkartoffel.

♡ *Dille ist ein ganz spezielles Gewürz: Manche lieben sie, manche lehnen sie total ab. Ich bin auch erst sehr spät auf den Geschmack gekommen. Aber inzwischen liebe ich sie. Vor allem geht meine Lieblingssauce Zaziki nur mit Dille.*

Rosmarin-Nudeln

Ein genial einfaches Rezept aus der Toskana, interpretiert von meiner Nichte Sophie.

Zutaten für 2 Personen

2 Knoblauchzehen

1 Zweig frischer Rosmarin

2 EL Butter

2 EL Olivenöl

1 Dose (425 ml) geschälte Paradeiser (Tomaten)

Salz

frisch gemahlener Pfeffer

250 g Nudeln (z. B. Tagliatelle)

etwas Zucker

5 EL Schlagobers (Schlagsahne)

Knoblauchzehen schälen und fein hacken. Rosmarinnadeln vom Zweig zupfen und hacken.

Butter und Olivenöl in einem Topf erhitzen. Knoblauch und Rosmarin darin anbraten.

Paradeiser mit Saft zugeben und etwas zerdrücken. Mit Salz und Pfeffer würzen. Ca. 10 Minuten offen köcheln lassen.

Inzwischen die Nudeln in kochendem Salzwasser nach Packungsanweisung garen. Anschließend abgießen und abtropfen lassen.

Die Rosmarinsauce mit Zucker und abermals mit Salz und Pfeffer abschmecken. Schlagobers zugeben und erhitzen.

Nudeln mit der Sauce mischen und anrichten.

♡ *Knoblauch und Rosmarin nicht zu heiß andünsten, da beides schnell verbrennt!*

Penne mit Wodka

500 g Penne
50 g Butter
6 EL Tomatenmark
450 ml Schlagobers
9 EL Wodka
1 EL frisches Basilikum, gehackt
Salz, Pfeffer
Parmesan, gehobelt

Die Penne nach Packungsanleitung kochen.

Inzwischen die Butter in der Pfanne erhitzen, Tomatenmark zugeben und etwas anrösten. Mit Wodka aufgießen und einreduzieren lassen. Dann das Schlagobers zugießen und die Sauce kurz köcheln lassen.

Mit Salz, Pfeffer und Basilikum würzen. 1–2 EL Kochwasser beifügen und die gekochten Penne mit der fertigen Sauce mischen. Mit Parmesan bestreuen.

Kartoffelnockerln

Teig

500 g mehlige Kartoffeln
50 g Butter
50 g griffiges Mehl
1 EL Staubzucker
2 Pkg. Vanillezucker
1 Prise Salz
Butter zum Ausbacken und Übergießen
80 g Mohn, gemahlen
Staubzucker zum Bestreuen

Die geschälten Kartoffeln würfeln und in Salzwasser weich kochen.

Die heißen Kartoffeln im Kochtopf mit Kartoffelstampfer zerdrücken. Die geschmolzene Butter gleichmäßig darübergießen. Mehl, Staubzucker, Vanillezucker und eine Prise Salz dazugeben, gut vermengen und die Masse zugedeckt etwa 10 Minuten rasten lassen.

Mit einem Esslöffel Nockerln ausstechen und in zerlassener Butter beidseitig braten. Nockerln in Mohn wälzen, anrichten, mit brauner Butter übergießen und mit Zucker bestreuen.

♡ Kartoffelnockerln sind ohne Zucker und Mohn eine ideale Beilage auch zum Braten. Besonders fein werden sie, wenn man sie mit einer Paste aus geriebenem Parmesan und Trüffelöl füllt oder einfach mit brauner Butter und Parmesan serviert.

Ein ganz schnelles, einfaches Nudelgericht. Wenn man den Wodka ganz einreduzieren lässt, bleibt nur der Geschmack erhalten und der Alkohol verkocht.

Spargel-Brokkoli-Nudeln in Mascarpone-Creme

Das ist mein bestes Mittel gegen schlechte Laune oder Traurigkeit – es hilft garantiert, denn Nudeln machen glücklich.

Zutaten für 4 Personen

250 g weißer Spargel
300 g Brokkoli
4 kleine Knoblauchzehen
50 g Butter
Salz
frisch gemahlener Pfeffer
150 g Mascarpone
250 g grüne Tagliolini

Den Spargel schälen und die Enden entfernen. Spargel waschen und schräg in 1–2 cm lange Stücke schneiden. Den Brokkoli putzen, waschen und in Röschen teilen. Die Knoblauchzehen schälen und fein hacken.

Die Butter in einer Pfanne erhitzen. Knoblauch darin glasig dünsten. Spargel und Brokkoli zugeben und zugedeckt ca. 4 Minuten bei mittlerer Hitze dünsten. Mit Salz und Pfeffer würzen. Den Mascarpone zum Gemüse geben und cremig einkochen. Nochmals mit Salz und Pfeffer abschmecken.

Inzwischen die Nudeln in kochendem Salzwasser nach Packungsanweisung garen. Anschließend abgießen und abtropfen lassen.

Nudeln mit dem Gemüse vermischen und anrichten.

♡ *Geben Sie zusätzlich 50 g geriebenen Parmesan in die Sauce. Sie wird dann noch würziger.*

Amelies Asiatischer Nudelcocktail 2

250 g Spaghetti
1 Avocado
1 Roter Paprika
3 Karotten
1 TL Curry
2 EL Sojasauce
Salz, Pfeffer

Karotten schräg schneiden.

Roten Paprika und Avocado in kleine Stücke schneiden.

Dann alles in Butter sehr scharf in Pfanne anbraten.
Mit Salz und Curry würzen, stehen lassen.

Spaghetti weich kochen.

Nudeln zu Gemüse geben und Sojasauce hinzufügen.
Dann noch einmal scharf anbraten.

In hohe Cocktailgläser füllen – fertig. Schmeckt toll!

Trüffelkraut

1/2 Kopf Weißkraut, fein geschnitten
1 große Zwiebel, klein gehackt
40 g Butter
2 EL Olivenöl
1 EL Trüffelöl
Salz, gemahlener Pfeffer
150 ml Schlagobers

Die Zwiebel in einer Butter- und Olivenöl-Mischung weich andünsten.

Das fein geschnittene Weißkraut dazugeben und ebenfalls weich dünsten. Mit Salz und Pfeffer würzen. Schlagobers dazugießen und ein paar Minuten weiterköcheln lassen.

Kurz vor dem Servieren das Trüffelöl hinzugießen und untermischen. Fertig!

♡ *Dieses Rezept lässt sich auch mit anderen Gemüsesorten, wie Karotten oder Lauch, kochen. Besonders liebe ich Kohlrabi oder Fenchelknolle. Eine sehr einfache und edle Variante, finde ich.*

Risotto ist für mich in vielen Varianten ein Leibgericht. Das ist eine besonders zart schmeckende Art.

Maisrisotto

1 kleine Zwiebel, fein gehackt
3 EL Olivenöl
130 g Risottoreis
3/4 l Hühnersuppe
250 g Mais (Tiefkühl- oder Dosenmais)
1 Bund Basilikum, in Streifen geschnitten
125 g Mascarpone
100 ml Milch
1 Stück Parmesan
Salz

Öl in einem schweren Topf erhitzen und Zwiebel darin glasig andünsten. Reis hinzufügen und ebenfalls glasig dünsten. 1/8 l Suppe dazugießen und fast verdampfen lassen.

Mit restlicher Suppe bei kleiner Hitze unter häufigem Rühren etwa 20 Minuten kochen.

Mascarpone mit Milch glatt rühren und unter den fertigen Reis geben. Mais und 2/3 Basilikum ebenfalls unterrühren.

Risotto anrichten und mit restlichem Basilikum und frisch gehobeltem Parmesan bestreuen.

Ofenrisotto mit Steinpilzen

10 g getrocknete Steinpilze
2 Schalotten
1 Knoblauchzehe
1 l Gemüsesuppe
1 EL Olivenöl
400 g Risottoreis
150 ml trockener Weißwein
75 g Rucola
75 g Parmesan
3 EL Butter
Salz, weißer Pfeffer

Steinpilze in 100 ml lauwarmem Wasser circa 20 Minuten einweichen. Schalotten und Knoblauch schälen und fein würfeln. Pilze abtropfen lassen, dabei das Einweichwasser auffangen.

Öl in einem ofenfesten Topf mit Deckel erhitzen. Schalotten und Knoblauch darin glasig dünsten. Reis kurz mitdünsten. Wein, Suppe und Einweichwasser zugießen, aufkochen lassen. Die Pilze unterheben.

Zugedeckt im heißen Backofen bei 150 °C Heißluft 30–40 Minuten garen. Umrühren ist nicht notwendig.

Rucola putzen, waschen und grob zerkleinern. Den Parmesan reiben. Das Risotto aus dem Ofen nehmen. Butter in Stückchen und Parmesan unterrühren. Mit Salz und Pfeffer abschmecken. Rucola unterheben und anrichten.

♡ Wenn Sie das Glück haben, dass Sie im Wald selbst Steinpilze gefunden haben oder diese gerade am Markt angeboten werden, dann ist es Genuss pur, die Pilze in Scheiben geschnitten in Butter anzurösten und auf das fertige Risotto zu geben.

47

Rotwein-Risotto

Dieses Rezept habe ich von meinem Bruder übernommen,
der mir sehr wichtige Dinge fürs Leben mitgegeben hat,
wie z. B. die Erkenntnis: „Wer Ordnung hält, ist nur zu faul zum Suchen!"

Zutaten für 4 Personen

1 kleine Zwiebel

2 EL Olivenöl

60 g Butter

200 g Risotto-Reis (Arborio-Reis)

400 ml Rotwein (z. B. Barolo)

3/4 l Gemüsesuppe, oder auch Hühnersuppe (Hühnerbrühe; instant)

125 g Champignons

Salz

frisch gemahlener Pfeffer

1/2 Bund Petersilie

75 g frisch geriebener Parmesan

1 EL Zucker

Zwiebel schälen und fein würfeln. Olivenöl und 20 g Butter in einem Topf erhitzen. Zwiebelwürfel darin andünsten. Den Reis zugeben und glasig dünsten.

Mit 150 ml Rotwein ablöschen und aufkochen. Nach und nach die Suppe zugießen und unter Rühren ca. 18 Minuten garen.

Inzwischen die Champignons putzen, mit Küchenpapier abreiben und blättrig schneiden. 20 g Butter in einer Pfanne erhitzen. Die Champignons darin rundherum anbraten. Mit Salz und Pfeffer würzen.

Währenddessen die Petersilie waschen, trockenschütteln und hacken. Petersilie in das Risotto rühren. Parmesan und restliche Butter zugeben und darin schmelzen. Mit Salz und Pfeffer abschmecken. Kurz rasten (ruhen) lassen.

Inzwischen Zucker in einer Pfanne goldbraun karamellisieren lassen. Mit restlichem Rotwein ablöschen und den Zucker unter Rühren schmelzen. Rotwein so lange einkochen lassen, bis er dickflüssig wird.

Das Risotto anrichten und das Rotwein-Karamell in Fäden darüberziehen.

♡ *Für dieses Gericht eignet sich am besten ein kraftvoller Rotwein, der dann auch zum Risotto getrunken wird.*

Safran-Gemüse-Risotto

Zutaten für 4 Personen

300 g Reis
1 mittelgroße Zwiebel
3 Knoblauchzehen
je 1 grüne, rote und gelbe Paprikaschote
1 mittelgroße Zucchini
3 mittelgroße Paradeiser (Tomaten)
3 EL Olivenöl
ca. 1/8 l trockener Weißwein
1 Tütchen Safranfäden
3/4 l Gemüsesuppe oder auch Rindsuppe (Rindersuppe; instant)
75 g frisch geriebener Parmesan
Salz, frisch gemahlener Pfeffer
Olivenöl und Zitronensaft zum Beträufeln

Zwiebel und Knoblauch schälen und fein hacken. Gemüse putzen und waschen. Paprika in Streifen und Zucchini in Scheiben schneiden und diese halbieren. Paradeiser vierteln, entkernen und würfeln.

Öl in einem Topf erhitzen. Zwiebel und Knoblauch darin andünsten. Reis zugeben und glasig dünsten.

Das Gemüse zugeben. Mit Weißwein ablöschen und aufkochen. Safranfäden in die Rindsuppe rühren. Die Suppe nach und nach unter Rühren zum Reis gießen und alles ca. 18 Minuten garen.

Käse darin schmelzen. Mit Salz und Pfeffer abschmecken.

Zum Essen mit Olivenöl und Zitronensaft beträufeln.

♡ *Verwenden Sie zum Ablöschen für den Reis immer heiße Suppe, die man am besten in einem kleinen Topf am Herd simmern lässt.!*

Griechischer Hokkaido mit Zaziki

1 Hokkaidokürbis, entkernt und geviertelt

200 g Feta

10 schwarze Oliven, entkernt und gehackt

40 dag Butter

2 Knoblauchzehen, gepresst

1/2 Bund Oregano, fein gehackt

Salz, Pfeffer

Zaziki

2 Becher Griechisches Joghurt

1 Salatgurke

1/2 Bund Dille, fein gehackt

2 Knoblauchzehen, gepresst

2–3 EL Olivenöl

Salz, Pfeffer

Zaziki

Gurke mit Schale fein hobeln, salzen und kurz stehen lassen. Danach das ausgetretene Wasser durch festen Druck entfernen.

Joghurt mit Gurke, Knoblauch, Olivenöl, Dille mischen und mit Salz und Pfeffer abschmecken. Kühl stellen.

Kürbis auf ein gefettetes Blech oder in eine Auflaufform legen. Salzen und mit einem Stück Butter belegen.

Feta mit Gabel in Schüssel zerdrücken, mit Oliven, Knoblauch, Oregano und eventuell Salz und Pfeffer würzen.

Mit dieser Paste die Kürbisviertel füllen.
Bei 220 °C Heißluft für ca 45 min ins Rohr stellen.

Dazu schmeckt köstliches Focaccia mit Rosmarin.

♡ *Schmeckt sowohl frisch aus dem Ofen als auch kalt. Das Zaziki serviere ich auch gern zu Kurzgebratenem.*

Schwarzbrotknöderl mit Champignonsauce

Knöderl

Schwarzbrotwürfel
1 Ei
2–3 EL Vollkornmehl
etwas Milch
Salz, Kümmel, Koriander
Butter zum Anbraten

Sauce

200 g Champignons, blättrig geschnitten
1 Becher Sauerrahm
1 EL Mehl
1 Bund Petersilie, fein gehackt
etwas Suppe oder Weißwein
Butter zum Anbraten

Mischen Sie für die KNÖDERL die einzelnen Zutaten zusammen und lassen Sie die Mischung 10–15 Minuten stehen, damit sich das Brot durchweichen kann.

Knöderl oder Laibchen aus der Masse formen und im Öl goldbraun herausbacken.

Für die SAUCE die Champignons in Butter kräftig anbraten, das Mehl in den Sauerrahm einrühren. Die Pilze mit Flüssigkeit ablöschen und den Sauerrahm mit dem Mehl einrühren.

Etwas einreduzieren lassen und zum Schluss die Petersilie unterrühren, mit Salz und Pfeffer kräftig abschmecken.

Gemeinsam mit den Schwarzbrot-Knöderln servieren.

♡ Diese Knöderl schmecken auch wunderbar in Scheiben geschnitten und in Butter abgebraten. Mit geriebenem Käse und einem grünen Salat ist das eine herrliche Mahlzeit. Also lieber etwas mehr davon machen.

WENN DU KOCHST, DANN KOCHST DU

Multitasking ist das Schlagwort von heute. Und wir sind auch alle so stolz darauf, wenn wir es schaffen, mehrere Dinge gleichzeitig zu tun.

Das ist ja alles schön und gut, manchmal wirklich wichtig und oft nicht zu umgehen. Aber beim Kochen und Essen versuche ich auf Multitasking zu verzichten. Denn wohin führt das? Wir erledigen zwar brav die Aufgaben, die wir gestellt bekommen, aber innerlich gibt's ungemein Stress. Auch wenn es sich manchmal leicht anfühlt, wir sind doch mit dem Kopf nicht ganz bei einer Sache, sondern bei vielen. Und das ist gar nicht gut. Schon gar nicht fürs Kochen & Essen. Denn beim Kochen geht dann einiges daneben und beim Essen spürst du nicht den vollen Geschmack. Es ist einfach nur das halbe Vergnügen. Da gibt es nur eine Lösung: Wenn du kochst, dann kochst du. Wenn du isst, dann isst du, und wenn du genießt, dann genießt du. Nur das und sonst gar nichts. Sie werden sehen, je mehr Sie dieses Prinzip in Ihr Leben holen, desto ruhiger, angenehmer und friedlicher wird es in Ihrem Inneren sein. Desto mehr werden Sie die Dinge auch wirklich so wahrnehmen, wie sie sind, und achtsam genießen können – und das ist beim Essen ja schließlich das Wichtigste!

Alles Fleisch

Caesar's Salad

1 Römersalat
2 Eigelb
2 Anchovis
2 Knoblauchzehen
1/2 TL Senf
Saft einer Zitrone
5–6 Spritzer Tabasco
1 EL Worcestershiresauce
20 g geriebener Parmesan
1/4 l Öl
2 Scheiben Toastbrot, entrindet und gewürfelt
20 g Butter
75 g Speckwürfel

Eine Schüssel mit einer Knoblauchzehe ausreiben. In der zweiten Schüssel Dotter, Anchovis, Senf, Tabasco, Zitronensaft, Worcestershiresauce und Parmesan mit dem Stabmixer pürieren.

Das Öl zuerst tropfenweise und dann in dünnem Strahl zugießen und mit dem Schneebesen des Handmixers unterschlagen.

Das Toastbrot in Butter goldbraun rösten.

Die Speckwürfel in einer trockenen Pfanne auslassen.

Den Römersalat waschen und zerpflücken, in die erste Schüssel geben, die Sauce darübergießen, mit den Croûtons und dem Speck bestreuen und servieren.

♡ Mein absolutes Lieblingsessen in Amerika. Als ich dort einmal gedreht habe, war das mein Hauptessen. Original in einer Holzschüssel serviert!
So unterschiedlich die Entstehungsgeschichte des Caesar's Salad erzählt wird, so verschieden sind auch die Zubereitungsarten. Da kann man ruhig etwas experimentieren. Zum Beispiel mit etwas Blauschimmelkäse in der Marinade. Schmeckt mir persönlich auch gut.
Sollten Sie keinen Römersalat bekommen, geht im Notfall auch Eissalat. Knackig muss er sein.

Überbackenes Baguette

150 g Butter, zimmerwarm
250 ml Sauerrahm
300 g geriebener Emmentaler od. Gouda
150 g Schinken, fein geschnitten
1 Bund Schnittlauch, fein geschnitten
1 Zwiebel, fein gerieben
1 Knoblauchzehe, gepresst
Salz, Pfeffer

Die Butter mit etwas Salz schaumig rühren, den Sauerrahm nach und nach dazugeben. Schnittlauch, Zwiebel, Knoblauch sowie geriebenen Käse und fein geschnittenen Schinken unterheben. Mit Salz und Pfeffer abschmecken.

Die Baguettescheiben mit der Masse dick bestreichen und im Rohr bei 200 °C Heißluft überbacken.

Buntes Spiegelei

12 dünne Scheiben Bauchspeck
4 Eier
2 Tomaten, klein gewürfelt
4 schwarze Oliven, in dünnen Scheiben
4 EL Mais
50 g Feta

In einer heißen Pfanne die Speckstreifen ausbraten lassen, herausnehmen und zum Abtropfen auf Küchenrolle legen.

Restliches Fett abgießen. In derselben Pfanne die Spiegeleier braten und am Rand die Oliven-Mais-Tomaten-Mischung mitbraten lassen.

Zum Schluss den Feta über diese Mischung gießen. Weiterrösten, bis die Eier fertig sind und der Feta-Käse geschmolzen ist.

Alles auf einem Teller anrichten.

♡ *Es war Sonntag, niemand hatte Zeit gehabt, einkaufen zu gehen, und der Hunger war groß! So ist dieses „Restlessen" entstanden, das aber so gut schmeckte, dass es in unser Sonntagsfrühstücksrepertoire aufgenommen wurde.*

♡ Schmeckt natürlich warm am besten, lässt sich aber auch gut vorbereiten und im Kühlschrank aufbewahren. Die Masse kann man auch problemlos einfrieren.

Curry-Reis-Salat

**2 Tassen Reis, gekocht
und abgekühlt**
2 Zwiebeln, fein gewürfelt
4 EL Öl
**250 g Schinkenwurst
oder Schinken, gewürfelt**
2 Äpfel, gewürfelt
**2 Bananen,
klein geschnitten**
**2 Essiggurken,
klein gewürfelt**
**1 rote Paprikaschote,
klein gewürfelt**
1/2 Tasse Milch
2 TL Curry
1 Bund Schnittlauch
3 EL Mayonnaise
Salz, Pfeffer
ca. 1–2 EL Essig, Öl

Die Zwiebelwürfel in Öl dünsten und mit Curry würzen. Kurz weiterrösten und abkühlen lassen.

Klein geschnittene Schinkenwurst, Äpfel, Bananen, Essiggurken und Paprikaschoten unter den Reis mischen.

Schnittlauch, Mayonnaise, Milch, Salz, Pfeffer, Essig und Öl zugeben und alles gut durchmischen. Sollte gut saftig sein.

Für mindestens 1 Stunde im Kühlschrank ziehen lassen.

♡ *Das ist ein wunderbarer Salat für ein Partybuffet. Man kann ihn auch sehr gut vorbereiten. Und auch länger ziehen lassen, viel Flüssigkeit ist wichtig. Ich habe ihn zum ersten Mal bei meiner Freundin Elisabeth in Oberösterreich gegessen. Einfach köstlich!*

63

Tortilla-Fest

12 Tortillas

1 Pkg. Tortillagewürz
400 g Rinderfaschiertes
1 Dose Mais
200 g geriebener Käse
1 Zwiebel, in feine Ringe geschnitten
15 schwarze Oliven, entkernt und geschnitten
10 Cocktailtomaten, geviertelt
1 Handvoll Rucola

Sauce

1 Becher Joghurt 1 %
1 Becher Griechisches Joghurt
2 TL Sambal Oelek
4 Knoblauchzehen, gepresst
4 EL Ketchup
Salz

Die Tortillas laut Packung im Rohr wärmen.

Das Faschierte laut Gewürzpackung anbraten und würzen.

Die Zutaten der Sauce verrühren.
Die restlichen Zutaten in kleinen Schüsseln auf den Tisch stellen.

Nun füllt jeder seine Tortilla am Tisch nach eigenem Geschmack. Auf alle Fälle kommt ein dicker Klacks Sauce hinein.

♡ Ausprobiert habe ich auch schon Ananasstücke, Schinken, Chicoree und Kapern.
Der Fantasie sind keine Grenzen gesetzt.
Und eines ist bei diesem Essen sehr wichtig: Möglichst viele Servietten bereithalten, denn wirklich sauber bleiben die Finger dabei nicht! Aber es ist ein Riesenspaß!

Kartoffelsuppe mit Garnelen

**500 g mehlige Kartoffeln,
geschält, gewürfelt**

2 Zwiebeln, fein gehackt

1 EL milder Curry

2 EL Butterschmalz

750 ml Gemüsesuppe

**225 g Porree, in feine
Ringe geschnitten**

**Salz, frisch gemahlener
Pfeffer**

250 g Garnelen

100 ml Milch

100 ml Schlagobers

Kartoffeln, Zwiebeln und Curry in heißem Butterschmalz unter Rühren andünsten.

Die Suppe zugießen und alles zugedeckt etwa 15 Minuten kochen lassen.

Suppe mit dem Stabmixer pürieren und mit Salz, Pfeffer und eventuell nochmals Curry würzen.

Garnelen, Porree und Milch hineingeben und einmal aufkochen lassen. Das Schlagobers unterrühren und noch einmal abschmecken.

Zum Servieren mit etwas Curry bestäuben.

♡ *Diese Kartoffelsuppe ist der Mitternachtshit bei jeder Party.
Beim Bestäuben der Suppenteller mit Curry kann man auch mit einer Schablone arbeiten und so für nette Dekorationseffekte sorgen.*

Käse-Bratapfel

2 große, süßsäuerliche Äpfel, z. B. Pinova in Scheiben

10 dünne Scheiben Bauchspeck, in 4 cm Streifen

200 g Käse wie z. B. Brie, Dolcelatte, Raclette ...

Die Äpfel waschen, die Kerngehäuse ausstechen und mit der Schale in 1 cm dicke Scheiben schneiden.

Auf ein Backblech bzw. in eine flache Auflaufform nebeneinanderlegen.
Die Speckstreifen darüberschichten.
Den Käse oder aber auch mehrere Käsesorten in 1/2 cm dicke Scheiben schneiden und über den Speck legen.

Bei 220 °C Heißluft für ca. 30 min ins Rohr geben.

Dazu passt wunderbar ein im Reiskocher gegarter Basmatireis.

♡ Mein Reiskocher und ich, eine große Freundschaft. Ich koche Reis auf verschiedenste Weisen, z. B. wie meine Mutter: Reis in Öl glasig werden lassen, mit Wasser aufgießen, mit Salz und Muskat würzen und eine halbierte, mit Gewürznelken gespickte Zwiebel dazugeben und fertig kochen. Aber der Duft- oder Basmatireis im Reiskocher ist einfach ein Hit. Durch das geschlossene System entwickelt sich der Duft besonders gut und der Geschmack bleibt voll erhalten.

Kartoffel-Lauch-Auflauf

100 g Gruyére, gerieben
50 g Parmesan, gerieben
1 Bund Lauchzwiebeln, halbiert
1,2 kg Kartoffeln, geschält, in Stücke geschnitten
200 g Schlagobers
1/4 l Milch
4 Eier
Salz, Pfeffer, Muskat
Fett für die Form
6 Scheiben Frühstücksspeck

Kartoffelstücke und Lauchzwiebeln in eine gefettete Auflaufform geben.

Schlagobers, Milch und Eier verquirlen. Mit Salz, Pfeffer und Muskat würzen. Käse unterrühren. Diese Masse über die Kartoffeln gießen. Im Backrohr bei 175 °C Heißluft ca. 1 1/2 Stunden backen.

Frühstücksspeck halbieren und nach 20 Minuten Backzeit auf den Kartoffeln verteilen.
Sollte der Auflauf zu dunkel werden, einfach mit Alufolie abdecken.

♡ Es ist immer wieder überraschend, wie die Kombination von Kartoffeln, Käse, Speck und Lauch die Geschmacksknospen begeistert. Wenn Sie Zeit sparen möchten, können Sie die Kartoffeln auch etwas vorkochen. Dann geht's natürlich schneller.
Aber in dieser Version haben Sie am wenigsten Arbeit.

Vitello-Tonnato-Spaghetti

2 Zwiebeln
2 Knoblauchzehen,
fein gehackt
3 Sardellen
2 Dosen Thunfisch in Öl
50 g Essiggurken
1 1/2 Bund Schnittlauch
30 g Butter
2 EL Öl
100 ml Weißwein
300 g Crème fraîche
1/8 l Schlagobers
Salz, Pfeffer
1 Prise Zucker
1 1/2 EL Zitronensaft
80 g Kapern
1 Eigelb
400 g Spaghetti

Zwiebeln, Knoblauch, Sardellen fein hacken, Thunfisch gut abtropfen lassen.

Die Essiggurken und den Schnittlauch fein schneiden.

Butter und Öl erhitzen und darin Knoblauch, Sardellen und die Hälfte des Thunfischs andünsten. Mit Weißwein ablöschen und gut einkochen lassen. Crème fraîche und Schlagobers dazugeben und weiter köcheln lassen, mit Salz, Pfeffer, Zucker und Zitronensaft kräftig würzen. Mit dem Pürierstab zerkleinern.

Den restlichen Thunfisch, Kapern und Essiggurken in die Sauce geben und einmal aufkochen lassen. Das Eigelb verrühren und unter die Sauce mischen. Nicht mehr aufkochen lassen. Zuletzt den Schnittlauch zugeben.

Inzwischen die Spaghetti in reichlich Salzwasser bissfest kochen und in eine vorgewärmte Schüssel geben, die Sauce unterheben und sofort servieren.

♡ Da Vitello tonnato zu meinen Lieblings-speisen zählt, bin ich natürlich von dieser Nudelvariante ohne Fleisch auch begeistert.

Linguine mit Garnelen

370 g Linguine
2 EL Olivenöl
20 g Butter
4 Knoblauchzehen, fein gehackt
1 Bund Frühlingszwiebeln, fein geschnitten
2 rote Chilis ohne Samen, fein geschnitten
450 g Riesengarnelen, geschält und Darm entfernt, aber mit intaktem Schwanz
Saft von 2 Zitronen
2 EL grüner Koriander, gehackt
Salz, Pfeffer

Linguine nach Packungsanleitung kochen.

Öl und Butter erhitzen, die Garnelen darin 2–3 Minuten anbraten.

Herausnehmen und beiseitestellen.

In der gleichen Pfanne Knoblauch, Chilis und Frühlingszwiebeln andünsten, mit Zitronensaft ablöschen.

Die Garnelen wieder dazugeben und mit Salz und Pfeffer abschmecken.

Die fertig gekochten Nudeln unterheben und mit Koriander bestreuen.

♡ Das ist das Lieblingsgericht meiner Nichte Serena und ihrer ganzen Familie. Also ein echter Hit für Groß und Klein. Wer sich mit Koriandergrün gar nicht anfreunden kann, nimmt stattdessen gehackte Petersilie.

Zitronen-Avocado-Nudeln

100 g geräucherter Speck
1 Zwiebel
1 Knoblauchzehe
400 g Bandnudeln
1 EL Öl
1 EL Mehl
100 g Schlagobers
1/2 TL Suppenpulver Bio
3 EL Zitronensaft
1 Bund Schnittlauch
250 g Kirschtomaten
1 reife Avocado
Salz, Pfeffer, Zucker

Die Nudeln laut Packungsanweisung kochen.

Speck in kleine Streifen schneiden. Zwiebel und Knoblauch schälen und fein würfeln.

Öl in einer Pfanne erhitzen und den Speck darin knusprig braten. Zwiebel und Knoblauch nur kurz mitbraten. Mit Mehl bestäuben, hell anschwitzen und mit 1/4 l Wasser und Schlagobers ablöschen. Aufkochen, 3–4 Minuten köcheln lassen.

Mit Salz, Pfeffer, Zucker, Suppenpulver und 2 EL Zitronensaft abschmecken.

Schnittlauch waschen und klein schneiden. Tomaten waschen und halbieren. Mit dem Schnittlauch in der Sauce circa 5 Minuten erhitzen.

Avocado halbieren und den Stein entfernen. Das Fruchtfleisch aus der Schale lösen und in Stücke schneiden. Mit 1 EL Zitronensaft beträufeln.

Nudeln abgießen. Mit Avocado und der Sauce mischen.

♡ Avocados sind ein Hit. Sie schmecken gut, sind sehr gesund und unglaublich vielseitig zu verwenden. Ich habe immer ein, zwei davon im Kühlschrank. Für mich sind sie auch so etwas wie Nervennahrung. Nach einem stressigen Tag eine Avocado aufs Butterbrot mit etwas Salz – und ich bin gleich wieder entspannter.
Ich habe mir sogar einen eigenen „Avocadolöffel" gekauft. Man kann damit die Frucht halbieren, den Kern herauslösen und die Frucht aus der Schale heben. Super praktisch.

♡ Das ist ein weiteres meiner vielen Thunfisch-Nudel-
Rezepte. Ich habe es erst kürzlich bei meiner Schwester
gegessen und seither immer wieder selbst gekocht.
Schmeckt auch besonders den Kleinen gut.

Thunfischnudeln à la Gretl

400 g Fusilli
1 Dose geschälte Tomaten
4 große Karotten, geraspelt
1 Zucchini, klein gewürfelt
1/2 Bund Petersilie, grob gehackt
3 Zehen Knoblauch
1 Dose Thunfisch
Salz und Pfeffer
Saft von 1/2 Zitrone
3 EL Olivenöl

Die Nudeln laut Packungsangabe in reichlich Salzwasser kochen.

In der Zwischenzeit in einer großen Pfanne die Karotten in Olivenöl leicht anbraten, Zucchiniwürfel dazugeben und nach einigen Minuten den Knoblauch hineinpressen. Dabei mehrmals umrühren, um das Anbrennen zu verhindern. Anschließend die restlichen Zutaten beigeben und noch einige Minuten weiterdünsten lassen. Fertig.

Spaghetti carbonara

500 g Spaghetti
8 Scheiben Schinkenspeck (Frühstückspeck), in Streifen geschnitten
1 TL rote Paprikaflocken
1/2 Tasse Schlagobers
frisch gemahlener schwarzer Pfeffer
4 EL Butter, schaumig gerührt
2 ganze Eier & 2 Eigelb, verquirlt
1 Tasse Parmesan, gerieben
1 TL Salz

1/2 Tasse Parmesan in die Eier einrühren.

Spaghetti laut Packungsangaben in reichlich Salzwasser al dente kochen. Eine große feuerfeste Servier-Schlüssel im auf 95 °C vorgewärmten Rohr erhitzen. Die Schinkenstreifen in einer großen Pfanne auslassen, bis sie knusprig sind. Die Hälfte des Fettes abgießen und dann die Paprikaflocken und das Schlagobers hineinrühren. Schwach kochen lassen und dann warm stellen, bis die Spaghetti gar sind.

Danach die Spaghetti gründlich abtropfen lassen, in die vorgewärmte Servierschüssel füllen und mit der Butter vermengen, bis alle Nudeln mit Fett überzogen sind. Nun die heiße Schinken-, Speck- und Schlagobers-Mischung und schließlich die geschlagenen Eier sowie den Käse dazugeben und alles gründlich miteinander vermischen.

Abschmecken mit Salz und Pfeffer. Die Spaghetti carbonara sofort servieren und mit restlichem Parmesan bestreuen.

♡ Ja, das sind meine Lieblingscarbonara. Und das ist auch das Rezept mit meinem bisher größten Hoppala (wie auf S. 124 beschrieben). Ich frage Sie: „Was kann man dabei nur falsch machen??"

Wirsingtarte

200 g Mehl	
125 g Butter	
2 Eier	
Salz	
1 kg Wirsing	
100 g geräucherter Speck, gewürfelt	
1 EL Öl	
2 Zwiebeln, fein gewürfelt	
1 TL Kümmel	
200 ml Schlagobers	
Pfeffer	

Aus Mehl, Butter, 1 Ei, 1 EL Wasser und Salz einen glatten Teig kneten, auf den Boden einer Tarteform (28 cm) legen und mit den Händen gleichmäßig auseinanderdrücken. Den Boden mehrfach mit einer Gabel einstechen. Die Form für 30 min abgedeckt in den Kühlschrank stellen.

In der Zwischenzeit den Wirsing in kleine Stücke schneiden und in Salzwasser kurz blanchieren, in einem Sieb abtropfen lassen.

Speck in Pfanne auslassen. Zwiebeln zugeben und kurz mitdünsten. Wirsing und Kümmel untermischen.

Diese Mischung auf Tarteboden verteilen und mit einer Mischung aus Ei, Schlagobers, Salz und Pfeffer übergießen.

Im vorgeheizten Rohr bei 180 °C Heißluft auf mittlerer Schiene ca. 20 Minuten backen.

Dann die Tarteform auf den Backofenboden stellen und weitere 15 min fertigbacken.

♡ *Wenn von dieser Tarte etwas übrig bleibt, kein Problem. Denn sie schmeckt heiß und kalt gleichermaßen. Und Wirsing ist so gesund. Gerade im Winter ist er ein ganz wichtiger Vitamin-C-Lieferant für uns, da es beim Kochen nicht zerstört wird.*

Kürbispflanzerl

500 g Kürbis, grob geraffelt
50 g Speck, würfelig geschnitten
1 Zwiebel, würfelig geschnitten
2 Eier
60 g Mehl
1 Bund Petersilie
1 rote Peperoni, fein geschnitten
50 g Gouda, gerieben
Salz, Pfeffer
Öl zum Braten

Geraffeltes Kürbisfleisch mit Salz bestreuen und 30 min stehen lassen.

Speck und Zwiebel in Pfanne leicht bräunen.

Kürbis gut ausdrücken, zur Speck-Zwiebel-Mischung geben und bei großer Hitze anbraten, dann auskühlen lassen.

Eier, Mehl, abgezupfte Petersilienblättchen, Peperoni und Käse zum Kürbis geben und verrühren. Mit Salz und Pfeffer würzen. Aus der Masse 12 Pflanzerln formen (jeweils aus 1 EL Masse) und im heißen Öl goldbraun braten.

Dazu schmeckt am besten ein knackiger Blattsalat.

Da wir im Herbst so viele Kürbisse zu verarbeiten hatten, wurde das Pflanzerl ausprobiert. Und für sehr gut befunden.

Jakobsmuscheln in Safransauce

1 Pkg. Jakobsmuscheln ca. 300 g	
1 Schalotte, fein geschnitten	
2 EL Olivenöl	
2 EL Butter	
1 guter Schuss Prosecco	
200 ml Schlagobers	
1 Pkg. Safran	
Salz	

Schalotten in etwas Butter und Öl glasig werden lassen. Mit Prosecco ablöschen und etwas köcheln lassen.

In wenig Schlagobers den Safran einweichen und, wenn der Alkohol verkocht ist, das ganze Schlagobers mit Safran dazugeben und wieder etwas einkochen lassen.

Die Muscheln in etwas Butter und Öl ca. 2 min rundherum anbraten lassen und in die fertige Sauce einlegen. Mit Salz abschmecken.

Dazu passen wunderbar Linguine oder andere dünne Nudeln.

♡ Ein wunderbares Gericht und so einfach und schnell zu machen!
Also, wenn das nächste Mal hoher Besuch kommt, die Schwiegermama oder so ...!
Jakobsmuscheln gibt es entweder frisch oder tiefgekühlt zu kaufen.

Sommerforelle

5 EL Olivenöl
2–3 große Zwiebeln, in Scheiben geschnitten
1 Forelle (ausgenommen)
2–3 große Paradeiser, in Scheiben geschnitten
3 EL Salz
3 EL Zucker
1–2 EL rosa Pfefferkörner, zerdrückt

Eine ofenfeste Form mit Öl auspinseln und mit Zwiebelscheiben auslegen, darin die ausgenommene, gewaschene und trockengetupfte Forelle platzieren.

Große Paradeiserscheiben darauf verteilen, mit Olivenöl begießen und mit einem Mix aus Salz, Zucker und rosa Pfefferkörnern (zerdrückt) üppig bedecken.

Bei 180 °C Heißluft 20 Minuten backen.

♡ *Das ist ein Rezept aus dem Waldviertel. Erdacht hat diese Köstlichkeit ein ganz lieber Bekannter meiner Freundin mit dem Namen Sommer, daher auch der Name des Gerichtes. Ist unglaublich einfach zu machen und schmeckt wirklich herrlich.*

Fischragout

500 g Seelachsfilet
4 Stück Chicorée (800 g)
2 Zwiebeln, gewürfelt
Saft von einer Zitrone
2 EL Öl
1/4 l Schlagobers
1–2 EL Zucker
1 TL Curry
2 EL Maizena (Maisstärke)
Salz und Pfeffer

Den Fisch in mundgerechte Stücke schneiden und mit dem Saft der Zitrone beträufeln.

Chicorée putzen, waschen und halbieren. Den Strunk entfernen und den Chicorée grob zerkleinern.

Die Zwiebelwürfel und den vorbereiteten Chicorée in heißem Öl circa 5 Minuten dünsten.

Die Fischstücke, Schlagobers und Gewürze dazugeben und 10 Minuten weiterdünsten.

Maizena mit etwas Wasser verrühren und zum Binden in den Saft geben. Mit Salz und Pfeffer pikant abschmecken.

Dazu passt wunderbar ein duftender Basmatireis.

♡ Ich esse nicht sehr oft Fisch, aber dieses köstliche Ragout mit Curry mag ich sehr. Es hat so einen molligen, runden Geschmack. Am liebsten esse ich dabei immer ganz viel Sauce mit Reis.

Abu-Dhabi-Chicken

12 Hühner-Drumsticks

Marinade

2 Knoblauchzehen, gepresst

1 EL geriebener Ingwer

80 ml Sojasauce

80 ml Honig

1 TL Sesam

Zutaten zu einer Marinade verrühren und die Drumsticks darin 2–3 Stunden ziehen lassen.

Dann in eine beschichtete Backform legen und im Rohr bei 180 °C Heißluft circa 30–40 Minuten backen.

Dazu passen wunderbar eine süße Chili-Sauce und Reis.

♡ *Ein geniales Rezept, das ich aus Abu Dhabi mitgebracht habe. Ich war dort zu Besuch bei meiner Nichte und konnte mich an diesen „Hendlhaxerln" gar nicht satt essen. Man verwendet dafür das untere Ende der Hendlkeule. Es sieht aus wie ein Trommelschlägel und hat dadurch diesen Namen.*

Thymian-Wermut-Poularde

1 Poularde (ca. 2 kg), zerteilt
Salz, Pfeffer
1 EL Paprikapulver, edelsüß
1 Knoblauchzehe, gepresst
1 Bund Thymian
30 g Butter
200 ml trockener Wermut (Noilly Prat)
1 Fleischtomate, enthäutet und gewürfelt
150 ml Schlagobers

Fleisch kräftig salzen und pfeffern, mit Paprika und Knoblauch einreiben. Thymianblättchen abzupfen.

Fett im Bräter zerlassen und das Fleisch darin am Herd rundherum anbraten. Thymian und Tomatenwürfel zugeben und Wermut angießen.

Bei 225 °C den Bräter für 40 min in das Rohr schieben. Immer wieder übergießen.

Temperatur auf 250 °C erhöhen, das Schlagobers zugießen und weitere 10–15 min die Poularde bräunen.

Mit knusprigem Baguette servieren.

♡ Meine Nichte Sophie hat das Rezept mit süßem Wermut probiert und findet das noch besser. Schmeckt dadurch ein bisschen molliger und runder. Da kann ich ihr nur zustimmen.

Balsamico-Henderl

1 Hendl (ca. 1,3 kg),
in 12 Stücke geteilt
50 g Pancetta
(luftgetrockneter Speck),
in Streifen
6 Knoblauchzehen,
blättrig geschnitten
3 EL Öl
2 Lorbeerblätter
1 kl. Zweig Rosmarin
Salz
2 EL Honig
4 EL dunkler
Balsamico-Essig
250 g Champignons,
geviertelt
schwarzer Pfeffer

Den Speck in einem schweren Bräter glasig braten. Knoblauch, Lorbeerblätter und die Hälfte der Rosmarin-nadeln zugeben, anrösten und aus der Pfanne nehmen.

Die Hühnerteile salzen und im restlichen Öl von beiden Seiten hellbraun anbraten.

Den Honig leicht erwärmen und mit 3 EL Essig verrühren. Die Teile damit einpinseln. Das Speckgemisch zugeben und alles zugedeckt bei niedriger Temperatur schmoren lassen. Gelegentlich wenden und immer wieder bepinseln. Ab und zu einen Schuss Wasser zugeben.

20 Minuten vor Ende der Garzeit die Champignons zugeben.

Die Sauce mit restlichem Essig abschmecken und mit Pfeffer und restlichem Rosmarin bestreuen.

Am besten gleich im Bräter mit viel knusprigem Weißbrot servieren.

♡ Beim Balsamico gibt es ja große Unterschiede in Qualität und Geschmack. Vom Rotwein und auch – etwas zarter im Geschmack – vom Weißwein. Ich habe meist 2–3 verschiedene Balsamicosorten zu Hause. Etwas ganz besonderes sind die 10–15 Jahre alten Essige.

Ananas-Puten-Curry

Das ist ein Rezept von meiner Schwester Gretl, der Quelle meiner Weisheit, nicht nur in kulinarischer Hinsicht. Kein Problem, das sie nicht lösen könnte. Sogar per Telefon rettet sie jede Küchenkatastrophe. Vielen Dank!

Zutaten für 4 Personen

600 g Putenbrust
1 Zwiebel
1 Dose Ananasstücke (425 ml)
30 g Butter
2 EL Curry
200 g Schlagobers (Schlagsahne)
Salz
frisch gemahlener Pfeffer

Das Fleisch in Streifen schneiden. Die Zwiebel schälen und würfeln. Ananasstücke abtropfen lassen.

Die Butter in einer großen Pfanne erhitzen. Das Fleisch darin portionsweise anbraten und herausnehmen.

Zwiebel in das Bratfett geben und glasig dünsten. Mit Curry bestäuben und kurz anschwitzen.

Ananasstücke zugeben und kurz andünsten. Fleisch zugeben. Mit Schlagobers ablöschen. Mit Salz und Pfeffer würzen.

Ca. 10 Minuten köcheln lassen und nochmals abschmecken. Dazu passt Langkornreis.

♥ Gut schmeckt das Ananas-Puten-Curry auch mit 250 g gewürfeltem Muskatkürbis. Diesen dann gemeinsam mit den Ananasstücken andünsten.

Kalbsleber in Rotwein mit grünem Pfeffer

6 dünne Kalbsleberscheiben à ca. 70 g

250 ml kräftiger Rotwein

1 TL Tomatenmark

1 EL Mehl

40 g Butter

2 Knoblauchzehen, zerdrückt

1 Lorbeerblatt

2 TL grüner Pfeffer

Thymian, Salz, Pfeffer

Die Leber salzen und pfeffern. In heißer Butter kurz beidseitig anbraten (soll innen noch leicht rosa sein), dann die Leber beiseitestellen.

In den Bratrückstand der Pfanne 1 TL Tomatenmark einrühren, dann etwa 1 EL Mehl einstreuen, mit 1/4 l Rotwein aufgießen, verrühren und mit Gewürzen (Lorbeerblatt, Thymian, zerdrücktem Knoblauch) aufkochen lassen, bis eine mollige Sauce entsteht.

Jetzt 2–3 TL Pfefferkörner & die Leber wieder zugeben.

Dazu passen auch optisch gut grüne Bandnudeln (tagliatelle verde).

♡ *Das ist eines der Lieblingsrezepte meines Cousins Hermann. Ich empfehle, möglichst viel Sauce zu kochen, denn die ist immer zu wenig. Weil sie einfach so gut schmeckt.*

Reisfleisch aus Tausendundeiner Nacht

500 g Lammschulter, gewürfelt
250 g Zwiebeln, gewürfelt
6 Knoblauchzehen, gehackt
400 g geschälte Tomaten, gewürfelt
3 EL Olivenöl
Je 1 TL Salz, Chili, Koriander, Kurkuma
1 Msp. Zimt
2 EL Tomatenmark
2 grüne Paprika, in Streifen geschnitten
300 g Basmatireis

Das Öl in einem großen Bräter erhitzen, Zwiebeln und Knoblauch langsam anbraten, Fleisch zugeben und rundum anbraten. Dann Gewürze zugeben und kurz anschwitzen.

Tomatenmark, Tomatenstücke und -saft untermischen. Fleisch bei schwacher Hitze circa 1 Stunde dünsten. Im Druckkochtopf nur 20 min.

Reis, Paprikastreifen und 1 TL Salz zum Fleisch geben, mit 250 ml Wasser aufgießen, durchmischen und 30 Minuten bei geschlossenem Deckel dünsten.

♡ Ich liebe ja schon das ganz normale Reisfleisch, am besten mit einem Gurkenrahmsalat. Aber diese würzige Lammvariante ist auch wunderbar. Mal ein traditionelles Gericht in einem anderen Gewürzmantel.

Steaks im Schalottenbett

4 Steaks (ca. je 200 g)
20 g Butterschmalz
4 Schalotten,
in Spalten geschnitten
100 ml kräftiger Rotwein
100 ml Portwein
20 g kalte Butter

Das Rohr auf 160 °C vorheizen.

Die Steaks salzen und pfeffern und in einer Pfanne in Butterschmalz rundum circa 2 Minuten anbraten. Steaks auf ein Gitter legen und im Rohr circa 8 Minuten ziehen lassen.

Die Schalotten im Bratrückstand anrösten und anschließend mit Rot- und Portwein ablöschen. Die Flüssigkeit einkochen, bis sie eine leicht sirupartige Konsistenz hat und die Zwiebeln weich sind.

Butter in Stücke schneiden und in die Sauce einrühren.

Die Sauce vom Herd nehmen, mit Salz und Pfeffer abschmecken und gemeinsam mit den Steaks anrichten.

♡ Von den Rotweinschalotten sollten Sie ruhig etwas mehr machen, denn in verschließbare Gläser gefüllt halten sie einige Tage im Kühlschrank und schmecken wunderbar zu Käse.

Paprikasch

**1 Hendl,
in kleinere Teile zerlegt**

2 TL Kümmel

1 TL Salz

4 Knoblauchzehen

Schale von 1 Zitrone

2 TL Paprika, rosenscharf

4 TL Paprika, edelsüß

2 rote Paprika, geviertelt

**200 g Zwiebeln,
fein gewürfelt**

Öl zum Anbraten

200 g Crème fraîche

**200 g Griechisches
Joghurt**

1 EL Tomatenmark

1 EL Mehl

Kümmel mit einem Teelöffel Salz im Mörser zerstoßen. Knoblauch pressen. Kümmel, Knoblauch, Zitronenschale und scharfen sowie süßen Paprika mit 1 EL Wasser zu einer Paste verrühren. Die Hähnchenteile damit einreiben.

Die Paprika vierteln, mit der Hautseite nach oben auf den Grillrost legen und rösten, bis die Haut schwarz wird und Blasen wirft. Aus dem Ofen nehmen und mit einem feuchten Tuch bedecken und abkühlen lassen. Die Haut abziehen. Das Fruchtfleisch in schmale Streifen schneiden.

Das Öl in einem Schmortopf erhitzen und die Zwiebeln darin anbraten. Die Hühnerteile mit der Hautseite nach unten hineinlegen und kurz von beiden Seiten anbraten. Leicht salzen, mit 1/4 l Wasser aufgießen und die Paprika-streifen auf dem Fleisch verteilen.

Bei 200 °C (Ober-Unterhitze) ca. 30 min im Rohr ohne Deckel garen, danach Hühnerteile wenden.

Crème fraîche und Joghurt mit Tomatenmark und Mehl glatt verrühren. 1/4 l Wasser mit einem Schneebesen unterrühren und angießen. Weitere 40 Minuten offen garen.

Dazu passen wunderbar Bandnudeln für den köstlichen Saft.

♡ *Eines meiner absoluten Lieblingsgerichte. Und glauben Sie mir, auch wenn die Zubereitung etwas aufwendiger ist, es zahlt sich wirklich aus.*

Lammcurry

1 Lammschulter
(ca. 1,5 kg), gewürfelt

Salz

30 g Butterschmalz

2 EL Currypulver, mild

25 g Mehl

500 ml Lammfond
(aus dem Glas)

180 g Zwiebeln,
in Spalten geschnitten

2 Knoblauchzehen,
fein gehackt

10 g Ingwer, fein gehackt

1 Bund Schnittlauch

Das Fleisch salzen und in einem großen schweren Topf in Butterschmalz rundherum kräftig anbraten.

Mehl und Curry mischen und damit das Fleisch stäuben. Alles gut verrühren und bei geringer Hitze andünsten. Lammfond zugießen, aufkochen und dabei kräftig umrühren.

Zugedeckt bei 160 °C Heißluft für insgesamt 2 Stunden ins Rohr schieben.

10 min vor Ende der Garzeit Knoblauch, Ingwer und Zwiebeln in etwas Butterschmalz in extra Pfanne andünsten und über fertiges Lammcurry streuen und erst bei Tisch durchmischen.

♡ *Auch wenn Sie vielleicht noch nicht so ein Freund von Lammfleisch sind, in Kombination mit Curry und Zwiebel schmeckt es wirklich wunderbar.*

Club-Steak vom Grill
mit gegrilltem Erdäpfel-Salat

800 g große mehlige Erdäpfel	
4 EL Olivenöl	
1 Knoblauchzehe, fein gehackt	
1/2 rote Zwiebel, in dünnen Scheiben	
150 g Crème fraîche	
60 g Mayonnaise	
Saft von 1 1/2 Zitronen	
1 Handvoll Petersilienblätter, grob gehackt	
Salz	

Für den ERDÄPFELSALAT die Erdäpfel in der Schale in reichlich Salzwasser ca. 25 min weich kochen. 30 Minuten auskühlen lassen. Dann in circa 1 cm dicke Scheiben schneiden, auf beiden Seiten mit Olivenöl bepinseln und nach Belieben salzen.

Die Erdäpfelscheiben am Grill unter einmaligem Wenden grillen, bis Streifen entstehen.

Crème fraîche, Mayonnaise, Zitronensaft und Knoblauch verrühren, nach Belieben salzen und über die Erdäpfelscheiben gießen. Petersilie mit den Zwiebeln zugeben und alles vorsichtig mischen.

Dieser Salat passt herrlich zu gegrilltem Rindfleisch.
Wie z. B. dem Club-Steak vom Grill

Club-Steak vom Grill

2 Club-Steaks (ca. 800 g)	
Rapsöl	
Salz, Pfeffer	

Für das CLUB-STEAK das Fleisch salzen, pfeffern und mit Öl bestreichen.

Direkt über der größten Hitze beidseitig je circa 5 Minuten medium grillen. Fleischstücke an den Rand des Grillrostes stellen und circa 10 Minuten ziehen lassen.

Fleisch vom Knochen lösen und quer zur Faser in Scheiben schneiden.

♡ Wie Sie sicher schon gemerkt haben, liebe ich Grillen. Es ist einfach eine total gemütliche Art, mit Freunden und Familie zu essen. Jeder ist daran beteiligt, alle haben Spaß und die Kinder freuen sich zumeist auf das anschließende Marshmallow-Grillen. Dafür stecken wir die Marshmallows auf Holzspießchen und halten sie kurz über das Feuer, bis der Zucker etwas karamellisiert. Da werden die Erwachsenen manchmal auch zu großen Kindern.
Heute werden Marshmallows ja hauptsächlich aus Zucker und Eischnee gemacht. Früher wurden sie aus den Wurzeln des Eibischs hergestellt.

Grill-Spieße

Rumaki

Holzspieße

10 Kumquats

1 Handvoll Pistazien- oder Pinienkerne

10 Bauchspeckstreifen

Jeweils eine Kumquat mit 2 Kernen spicken und mit einer Speckscheibe umwickeln. Und je 5 Kumquats auf einen Spieß stecken und 5 Minuten auf den Grill legen.

Apfel-Käsespieße

Holzspieße

1 großer, fester, säuerlicher Apfel (etwa Pinova), in Stücke geschnitten

100 g Raclette, in Würfel geschnitten

100 g Brie, in Würfel geschnitten

Den Apfel in größere Stücke als den Käse schneiden, damit der Käse nicht am Grill aufliegt.
Abwechselnd Apfel- und Käsestücke auf die Spieße stecken. Nur kurz grillen. So karamellisiert der Apfel leicht und der Käse zerfließt nicht.

Hühnerspieße

Holzspieße

300 g Hühnerfilet, in Stücke geschnitten

60 ml Orangensaft

1 EL Honig

1 TL Fenchelsamen

1 EL Pflanzenöl

1 EL Zitronensaft

1 Knoblauchzehe, gepresst

Orangensaft, Honig, Fenchel, Öl, Zitronensaft und Knoblauch verrühren. Das Hühnerfleisch darin mindestens 20 Minuten marinieren, am besten jedoch über Nacht.
Dann das Fleisch auf Spieße stecken und für einige Minuten beidseitig grillen, bis das Hühnerfleisch gar ist.

Dattelspieße

Holzspieße

10 frische Datteln

10 Scheiben Frühstücksspeck

Die Datteln mit den Speckstreifen umwickeln und nacheinander auf Spieße stecken.
Von allen Seiten knusprig braun braten. Das schmeckt auch mit Dörrpflaumen statt Datteln sehr gut.

♡ *Da es beim Grillen von Fleisch oft etwas länger dauern kann, serviere ich diese Spieße gern als Appetithappen. Und die sind schneller weg, als man schauen kann.*

Hendl mit Kapern und Oliven

Zutaten für 4 Personen:

1 küchenfertiges Hendl (Hähnchen)

3 Schalotten

8 Knoblauchzehen

100 ml Olivenöl

Salz, frisch gemahlener Pfeffer

1 Zweig frischer Rosmarin

50 g Butter

200 g schwarze Oliven

3 EL Kapern

1/4 l trockener Weißwein

Hendl in Stücke teilen. Hendlteile unter fließendem Wasser waschen und mit Küchenpapier trockentupfen. Schalotten und Knoblauch schälen.

Öl in einer ofenfesten Pfanne erhitzen und die Hendlteile darin rundherum knusprig anbraten. Mit Salz und Pfeffer würzen. Aus der Pfanne heben.

Den frischen Rosmarin waschen, trockenschütteln und die Nadeln vom Zweig streifen. Butter in der Bratpfanne schmelzen. Schalotten und Knoblauch darin anbraten. Oliven, Kapern und Rosmarin zugeben und mit Weißwein ablöschen. Etwas einkochen lassen.

Die Hendlteile wieder in die Pfanne geben. Im vorgeheizten Backofen (E-Herd: 200 °C/Umluft: 180 °C, Gasherd: Stufe 3) ca. 45 Minuten schmoren. Die Hendlteile gelegentlich mit dem Fond beschöpfen.

Mit Thymian-Ofenkartoffeln (siehe Spare-Ribs, Seite 116) servieren.

♡ Sie können das Gericht auch mit 4 Hendlkeulen (à ca. 200 g) zubereiten. Wenn man mehr Saft möchte, etwas Hühnersuppe angießen.

Pollo Indonesiano

Zutaten für 4 Personen

4 ausgelöste Hühnerbrüste (ca. 500 g Hähnchenfilets)
1 mittelgroße Zwiebel
3 Knoblauchzehen
3 EL Öl (z. B. Sojaöl)
2 TL Curry
1 TL Chilipulver
4 Lorbeerblätter
2 EL Tomatenmark
2 EL Sojasauce
1 TL Zucker
Salz
frisch gemahlener Pfeffer
250 g Schlagobers (Schlagsahne)
100 g halbierte, geröstete Erdnüsse

Fleisch in Würfel schneiden. Zwiebel und Knoblauch schälen und fein würfeln.

Öl in einer großen Pfanne erhitzen. Zwiebel und Knoblauch darin glasig dünsten.

Curry, Chilipulver, Lorbeerblätter und Tomatenmark zugeben und kurz anrösten. Fleisch zugeben und kurz anbraten. Mit Sojasauce, Zucker, Salz und Pfeffer würzen. Zugedeckt ca. 20 Minuten köcheln lassen.

Das Fleisch mit Schlagobers ablöschen und aufkochen lassen. Erdnüsse zugeben und alles nochmals abschmecken.

Dazu schmeckt Basmatireis.

♡ *Wer es pikanter mag, kann statt des Chilipulvers auch 2–3 gehackte rote Chilischoten verwenden.*

Spare-Ribs

Die waren schon bei so manchem Sommerfest in Velden der kulinarische Höhepunkt.

Zutaten für 4 Personen

5 Knoblauchzehen

1 Becher (125 g) Joghurt

1–2 EL Tomatenketchup

etwas Chilipulver

Salz

frisch gemahlener Pfeffer

1–2 kg dünne Schweinerippchen

1 kg Kartoffeln

1 Bund frischer oder 2 TL getrockneter Thymian

4–5 EL Olivenöl

Knoblauch schälen und fein zerdrücken. Mit Joghurt und Tomatenketchup verrühren. Mit Chilipulver, Salz und Pfeffer würzen. Die Rippchen waschen, trockentupfen und mit dem Joghurt rundherum einstreichen. Auf die eine Hälfte des Backblechs legen.

Die Rippchen im vorgeheizten Backofen (E-Herd: 200 °C/Umluft: 180 °C, Gasherd: Stufe 3) ca. 1 Stunde braten.

Inzwischen Kartoffeln schälen und waschen.

Frischen Thymian waschen, trockenschütteln und hacken.

Die Kartoffeln nach 15 Minuten auf die zweite Backblechhälfte legen und mit etwas Olivenöl beträufeln.
Mit Salz und etwas Thymian würzen und mitbraten, bis die Kartoffeln knusprig braun sind.

♡ Ruhig ein bisschen mehr Joghurtsauce zubereiten und zu den Kartoffeln reichen. Schmeckt einfach köstlich!

Thunfisch-Nudeln scharf

Zutaten für 4 Personen

400 g Tagliatelle (Bandnudeln)

Salz

1 Dose (212 ml) Thunfisch (in Öl)

1 Becher (250 g) Mascarpone

3 EL Tomatenketchup

6 EL Kaffeeobers (Kaffeesahne)

100 g frisch geriebener Parmesan

1/2 TL Chilipulver

Paprikapulver, edelsüß

Die Tagliatelle in kochendem Salzwasser nach Packungsanweisung garen.

Inzwischen Thunfisch abtropfen lassen und mit einer Gabel zerzupfen.

Mascarpone in einem Topf unter Rühren bei mittlerer Hitze schmelzen. Tomatenketchup, Kaffeeobers, die Hälfte des Parmesans und den Thunfisch zugeben und erhitzen. Die Sauce mit Chilipulver, Paprikapulver und Salz abschmecken.

Die Nudeln abgießen, abtropfen lassen, mit der Sauce mischen und anrichten.

Mit dem übrigen Parmesan bestreuen.

♡ *Die Tagliatelle sollten noch „Biss" haben. Darum kurz vor Ende der Garzeit eine Garprobe machen: Ist noch ein ganz kleiner, weißer Kern zu sehen, sind die Nudeln optimal. Frische Chilischoten geben noch den letzten Schliff.*

Truthahnstreifen in Zitronenmelisse

Das ist eines meiner schnellsten und absoluten Lieblingsgerichte.

Zutaten für 4 Personen

550 g Putenfilet
75 g Butter
Salz
frisch gemahlener Pfeffer
1 TL Mehl
1/8 l klare Suppe
(klare Brühe; instant)
4 EL Zitronensaft
125 g Schlagobers
(Schlagsahne) oder
Sauerrahm (saure Sahne)
1 Bund Zitronenmelisse
1 Prise Zucker
Zitronenscheiben zum
Garnieren

Das Fleisch in Streifen schneiden. 30 g Butter in einer Pfanne erhitzen. Fleisch darin portionsweise rundherum anbraten, mit Salz und Pfeffer würzen und herausnehmen.

Übrige Butter im Bratfett erhitzen. Mehl darin anschwitzen. Mit der Suppe und dem Zitronensaft ablöschen und aufkochen lassen. Schlagobers oder Sauerrahm zugießen und alles etwa 5 Minuten köcheln lassen.

Die Zitronenmelisse waschen, trockenschütteln und hacken, danach in die Sauce geben.

Sauce mit Salz, Pfeffer und Zucker abschmecken. Fleisch zugeben und darin erhitzen und mit Zitronenscheiben garniert anrichten.

Dazu schmecken Reis und Salat.

♡ *Besonders raffiniert schmeckt das Gericht auch mit Reismehlnudeln und einem Pesto aus gehackter Zitronenmelisse, Olivenöl und Zitronensaft.*

Zucchini im Schafpelz

Zutaten für 4 Personen:
4 mittelgroße Zucchini
2 Knoblauchzehen
1 Bund Petersilie
125 g Schafkäse
1 Ei, ca. 1 EL Mehl
Salz, frisch gemahlener
Pfeffer
1 EL Kapern
(aus dem Glas)
2 Sardellenfilets
1 Bund Schnittlauch
250 g Sauerrahm
(saure Sahne)
1 TL mittelscharfer Senf
1–2 EL Zitronensaft
ca. 6 EL Olivenöl

Zucchini putzen, waschen und der Länge nach in ca. 1/2 cm dicke Scheiben schneiden. Knoblauch schälen und fein zerdrücken. Petersilie waschen, trockenschütteln und hacken. Schafkäse mit einer Gabel fein zerdrücken.

Petersilie, Schafkäse, Knoblauch, Ei und Mehl zu einer dicken Paste verrühren. Eventuell noch etwas Mehl unterrühren, mit Salz und Pfeffer würzen. Die Zucchinischeiben auf einer Seite gleichmäßig mit der Paste bestreichen.

Für den Dip Kapern und Sardellenfilets hacken. Schnittlauch waschen, trockenschütteln und in Röllchen schneiden. Sauerrahm, Kapern, Sardellenfilets, Schnittlauch, restlichen Knoblauch und Senf verrühren. Mit Zitronensaft, Salz und Pfeffer abschmecken.

Olivenöl portionsweise in einer großen Pfanne erhitzen. Zucchinischeiben darin erst von der unbestrichenen Seite goldbraun anbraten, dann wenden und die Pastenseite ebenfalls goldbraun braten.

Herausnehmen, abtropfen lassen und anrichten. Den Dip dazu reichen.

♡ *Die Zucchinischeiben schmecken sowohl heiß als auch kalt ausgezeichnet.*

KOCHEN IMMER MIT REZEPT

Ich bewundere ja alle, die ohne Rezept immer wieder die gleichen Köstlich-
keiten zaubern. Meine Schwester Gretl kann das zum Beispiel exzellent.
Bei mir läuft das so nicht. Da geht dann wohl manchmal meine Kreativität
mit mir durch und es entsteht immer etwas Neues. Aber leider nicht immer
etwas Besseres!
Ich erinnere mich mit Schaudern an einen besonderen Abend. Es war das
erste Mal, dass ich für einen Freund kochte. Ich wusste, er liebt italienische
Küche, und so wollte ich eines meiner Lieblingsrezepte zubereiten: Spaghetti
carbonara. So oft hatte ich dieses Gericht schon gekocht, immer war es
super. Nur an diesem Abend war ich ein bisschen aufgeregt. Und kochte es
ohne meine Aufzeichnungen, die ich sonst immer beim Kochen neben mir
liegen habe. Das hätte ich nicht machen sollen: Ich habe noch nie im Leben
so schreckliche Spaghetti carbonara gegessen. Und mein Freund natürlich
auch nicht. Das war mir vielleicht peinlich. Ich weiß nicht, was ich falsch
gemacht habe, aber das gründlich. Es war mir eine Lehre!
Heute kann ich – Gott sei Dank! – wieder darüber lachen. Aber seitdem
gibt es bei uns den Running Gag: „Was koch ma denn heute? Vielleicht
Spaghetti carbonara!"
Nie wieder koche ich etwas ohne meine Rezeptsammlung, das ist einfach
mein Glücksbringer in der Küche. Außer, es soll etwas Neues entstehen.
Und da habe ich mir fest vorgenommen, Zettel und Bleistift in der Küche
bereitzulegen. Damit ich gleich alles notieren kann.

Gaumen-
kitzler

Zwetschgen-Ketschup

1 kg Zwetschgen
150 g Zwiebeln
4 Knoblauchzehen
80 g frische
Ingwerwurzeln
Schale von
2 unbehandelten Orangen
1/4 l Balsam-Essig
150 g Zucker
4 Chilischoten, getrocknet
2 TL Muskat-Blüte
Salz und Pfeffer

Zwetschgen halbieren, Zwiebeln, Knoblauch und Ingwer klein würfeln.

Chili zerbröseln.

Alles zusammen mit den restlichen Zutaten in einen Topf geben.

Zugedeckt 1/2 Stunde leise köcheln lassen. Immer wieder umrühren, damit sich nichts anlegt, am besten in einem beschichteten Topf.

Dann durch ein Sieb streichen und auskühlen lassen. In verschließbare Gläser füllen und kühl und dunkel aufbewahren.

Das Rezept ergibt circa 1/2 Liter Zwetschgen-Ketschup und passt wunderbar zu Wild und Fisch oder gut gereiftem Käse.

Scharfe Chilisauce

250 g Zucker
1 TL Salz
1/8 l Essig
(halb Weißwein-Essig,
halb Reis-Essig)
2 EL Sambal Oelek
(fruchtige Chilipaste)
2 TL Tomatenmark
2 TL Kartoffelstärke
1 Knoblauchzehe,
gepresst

Zucker, Salz und Essig miteinander vermengen und in einem Topf aufkochen. Sambal Oelek und Tomatenmark dazugeben und nochmals aufkochen lassen. 2 EL Wasser mit Kartoffelstärke verrühren und beigeben.

Das Ganze so lange köcheln lassen, bis die Sauce leicht gebunden ist (ca. 2 min).

Diese Sauce passt wunderbar zu Steaks, allem Gegrillten und besonders gut zu Burgern.

Diät-Mayonnaise

1 ganzes Ei
1 EL Weißwein-Essig
2 EL Öl
Salz, Pfeffer
1 EL Senf

Alle Zutaten mischen und im Wasserbad schlagen, bis die Masse fest wird. Weiterschlagen, bis die Masse abgekühlt ist. Fertig.

♡ Das ist natürlich nicht wirklich ein echtes Diät-Essen. Aber wenn schon Mayonnaise, dann eine kalorienschonende Variante wie diese.

Tomaten-Basilikum-Aufstrich

1 Becher Frischkäse, natur
1 mittelgroße Tomate, klein geschnitten
1 Bund frisches Basilikum
Kräutersalz

Frischkäse mit Tomatenstücken (ohne Saft) mischen. Basilikumblätter klein schneiden und unterheben. Mit Kräutersalz würzen.

Ist ein köstlicher Aufstrich auf ein frisches Baguette.

♡ Das ist der Lieblingsaufstrich meiner Tochter, wenn wir unsere Freundin Elisabeth in Oberösterreich auf ihrem Berghof Aham besuchen.

Knoblauchpaste

10 Knoblauchzehen
100 ml sehr gutes kaltgepresstes Olivenöl
etwas Zitronensaft

Den Knoblauch schälen und das Olivenöl dazugeben. Anschließend Knoblauch und Olivenöl mit dem Stabmixer so lange pürieren, bis eine cremige Paste entsteht. Den Schuss Zitronensaft untermengen und das Ganze in luftdichte Gläser abfüllen.

Die Knoblauchpaste ist so circa einen Monat lang haltbar. Der Vorteil an der Sache ist: Wenn der Knoblauch nun erhitzt wird, verliert er den unangenehm starken Geruch. Die guten Eigenschaften bleiben aber erhalten.

Hummus & Aioli

Hummus

250 g gekochte Kichererbsen, aus der Dose
4 große EL Tahin (Sesampaste)
Saft einer Zitrone
Salz
2 TL gemahlener Kreuzkümmel
4 EL Olivenöl
3 Knoblauchzehen
1 Bund Petersilie

Alle Zutaten mit dem Stabmixer pürieren und mit viel gehackter Petersilie bestreuen. Schmeckt köstlich auf frisch gebackenem Brot.

Aioli

2 Eidotter
5 Knoblauchzehen, gepresst
125 ml Rapsöl
125 ml Olivenöl
1–2 EL Aceto balsamico bianco
Salz

Dotter, Knoblauch und Salz mit dem Handmixer verrühren, tropfenweise Öl dazugeben, bis eine feste Masse entsteht. So viel Aceto balsamico unterrühren, dass sich eine weiche Mayonnaise bildet.

♡ *Hummus und Aioli bekomme ich immer, wenn ich meine Freundin Dodo im Waldviertel besuche. Ich liebe es zum Frühstück, zu Mittag oder zum Abendessen. Einfach immer.*

Spicy Tomatensauce zu Lamm
von Gretel

1 roter Paprika
1/2 Dose geschälte Tomaten
2 Scheiben Weißbrot
1/4 TL Chilipulver
2 EL geriebene Mandeln (oder Brösel)
3 Knoblauchzehen
1 kleiner TL Zucker
4 EL Essig
Salz und Pfeffer

Die Tomaten, den Paprika, das Weißbrot und die Knoblauchzehen klein schneiden. Mit den restlichen Zutaten vermengen und mit dem Stabmixer pürieren. In eine Schüssel abfüllen und kaltstellen.

Diese Sauce passt besonders gut zu Lammfleisch.

Avocado-Basilikum-Creme

2 Bund Basilikum
2 reife Avocados
1 Zitrone
100 g Schlagobers
150 g Sauerrahm
1 Knoblauchzehe
2 TL milder Senf
frisch gemahlener Pfeffer
und Salz

Basilikumblätter und -Stängel fein hacken und die Zitrone auspressen. Die Avocados halbieren und das Fruchtfleisch mit Zitronensaft pürieren.

Restliche Zutaten unterheben und mit Salz und Pfeffer abschmecken.

Tipp: Besonders wichtig bei diesem Rezept ist der Reifegrad der Avocados. Erkennbar ist eine reife Avocado an dem weichen Fruchtfleisch. In vielen Geschäften werden bereits essreife Avocados angeboten. Das zahlt sich aus – zugreifen!

♡ Dazu schmeckt besonders gut das einfache Weißbrot, das ich von einer ehemaligen Nachbarin bekommen habe. Schnell gemacht, sehr einfach und einfach köstlich (siehe Rezept unten).

Weißbrot Heidi

1 kg glattes Mehl
1 Päckchen Germ
3 TL Salz
1/2 l warmes Wasser

Aus den Zutaten einen Teig machen und einmal aufs Doppelte aufgehen lassen.

Den Teig in eine feuerfeste Form geben und im Rohr die ersten 10 Minuten bei 250 °C Heißluft, die nächsten 20 Minuten bei 200 °C fertigbacken.

Fonduesaucen

Zwiebel-Senf-Ragout

100 g scharfer Senf
3–4 EL Obers (geschlagen)
3–4 EL Rahm
1 EL Butter
3–4 kleine Frühlingszwiebeln
1/2 Apfel
1 TL Honig
1 Blatt Salbei (klein gehackt)
Schnittlauch
Petersilie
Rosmarin

Zwiebeln in heißer Butter glasig werden lassen, dann Honig und einen halben geriebenen Apfel beimengen. In die überkühlte Masse Senf, Obers und sämtliche Kräuter und Gewürze unterheben.

Aioli

250 ml Öl (halb Olivenöl/halb Rapsöl)
2 Eidotter
5 Knoblauchzehen, gepresst
1–2 EL Aceto balsamico bianco
1 Schuss Zitrone
Salz

Knoblauchpaste, Dotter und Salz mit dem Handmixer zu einer cremigen Paste rühren. Dann tropfenweise das Öl unter ständigem Rühren zugießen, bis eine feste Masse entsteht. Nun langsam Essig und Zitronensaft unterrühren, bis eine mayonnaiseartige Konsistenz erreicht ist.

Bananensauce

1 Becher Sauerrahm
1 sehr reife Banane, zerquetscht
1–2 TL Curry
Salz

Alle Zutaten zu einer homogenen Sauce zusammenrühren.

Cocktailsauce

1 Ei
ca. 150 ml Maiskeimöl
Saft 1/2 Zitrone
1 TL Grillsenf
Salz
1 Prise Zucker
1 Prise Bio-Suppenpulver
5 EL Ketchup
1 Schuss Weinbrand

Alle Zutaten außer Ketchup und Weinbrand in den Becher eines Stabmixers füllen und zu einer schnellen Mayonnaise aufmixen. Anschließend Ketchup und Alkohol unterrühren.

Bunte Sauce

1 Becher Sauerrahm
1 Bund Schnittlauch, klein geschnitten
2 Essiggurken süß/sauer
2 Knoblauchzehen
1–2 cm Sardellenpaste
1 TL Senf
1 EL Kapern
Salz, Pfeffer

Alle Zutaten außer Sauerrahm und Schnittlauch in einen Cutter füllen und klein hacken. Diese Paste unter den Sauerrahm mischen. Schnittlauch unterheben. Würzen, fertig.

Erdnuss-Sauce

160 g Erdnüsse, geröstet
2 Knoblauchzehen, gepresst
1 Zwiebel, fein gehackt
2 EL Öl
2 TL Ingwer, frisch gerieben
2 TL Curry
1 TL Kreuzkümmel, gemahlen
400 ml Kokosmilch
3 EL Zucker
1 EL Zitronensaft

Zwiebel in Öl weich dünsten, die Gewürze hinzugeben und unterrühren, 2 Minuten mitdünsten. Die Erdnüsse fein hacken und zusammen mit der Kokosmilch und dem Zucker hinzugeben.
Bei kleiner Hitze 5 Minuten köcheln, bis die Sauce eindickt. Mit dem Zitronensaft abschmecken.

SPIELRAUM FÜR DIE EIGENE KREATIVITÄT

Die wirkliche Herausforderung beim Schreiben eines Kochbuchs sind die Mengenangaben. Ein echter Horror für mich. Wissen Sie auch warum? Weil meine Rezepte immer eher zufällig entstehen. Es gibt nämlich keine geplanten Experimente in meiner Versuchsküche, sondern das genüssliche Ausprobieren: Was kann man mit bekannten Zutaten an noch unbekannten Kombinationen herausfinden? Wie ein knackiges Restlessen zaubern? Und nach dem Essen beschließe ich dann, das Rezept aus der Erinnerung heraus aufzuschreiben. Ja, und dann fängt das Raten und Grübeln erst richtig an: Waren es zwei oder drei Eier, kam der Knoblauch gleich dazu oder später? Manchmal bleibt mir nichts anderes übrig, als es nochmals zu probieren und dann gleich mitzuschreiben.

Aber auch wenn alles genau aufgelistet ist – jede Gurke ist unterschiedlich lang, jeder Käse oder jede Avocado unterschiedlich reif. Ja, auch mit genauen Mengenangaben ist immer ein Spielraum für Ihre eigene Kreativität gegeben. Also seien Sie bitte gnädig und berechnen Sie immer eine kleine Variable bei den Rezepten ein. Und bei den Gewürzen wie Salz, Pfeffer, Chili oder bei Kräutern ist es auch noch mal eine ganz persönliche Geschmacksfrage, wie viel Sie nehmen. Ich persönlich salze sehr gern. Bei Kräutern schneide ich sehr oft auch den Stängel mit hinein. Bei Basilikum ergibt das z. B. noch mehr Geschmack. Dafür verwende ich Chili sehr, sehr vorsichtig. Einen Sauerrahmbecher habe ich übrigens immer in der Küche. Ich messe damit auch die richtige Menge Reis ab. 1 Becher für 2–3 Personen. Die doppelte Menge Wasser. So einfach geht das. Was das Braten von Fleisch im Rohr betrifft, empfehle ich, mit Kerntemperaturmesser zu arbeiten: Das Thermometer nach Anleitung anbringen und die richtige Kerntemperatur laut Tabelle abwarten – da kann man immer sicher sein, dass man den richtigen Zeitpunkt zum Herausnehmen erwischt.

Süße
Verführung

Pfirsichsalat mit Zitronen-Soufflee

Pro Person

1 Pfirsich ohne Haut (abgezogen)
1 EL Honig
1 TL Vanillezucker
1/2 TL Rum
1–2 EL Wasser

Zitronen-Soufflee

2 Eiklar
4 EL Kristallzucker
1 Bio-Zitrone, unbehandelt
etwas Kristallzucker

Den Pfirsich in Spalten schneiden und mit Honig, Vanillezucker und Wasser vermischen.

In eine feuerfeste Form füllen.

Für das ZITRONEN-SOUFFLEE zwei Eiklar und 4 EL Kristallzucker in der Maschine aufschlagen.
Saft und Schale von einer Zitrone dazugeben und auf die Pfirsiche in der feuerfesten Form aufstreichen.

Mit etwas Kristallzucker bestreuen und im auf 220 °C Heißluft erhitzten Rohr ca. 5–6 Minuten backen. Fertig.

♡ Sieht auch besonders schön aus, wenn man es portionsweise in kleine, feuerfeste Förmchen füllt und darin gleich serviert. Die Haut des Pfirsichs kann man ganz leicht abziehen, wenn man ihn vorher kurz in kochendes Wasser taucht, in kaltem Wasser abschreckt und schält. So, wie man es auch mit Tomaten macht.

Karamellisierter Birnenkuchen

300 g Mehl	
100 g Zucker	
200 g Butter	
2 Dotter	
8–10 reife Birnen,	
geschält und halbiert	
5 g Mandelblättchen	
20 Stück Biskotten	
1 Prise Salz	
Kristallzucker und Butter	
für die Form	

Das Mehl auf die Arbeitsfläche geben und in die Mitte eine Mulde drücken. Die kalte Butter in Flöckchen, Zucker, Eigelb, Salz und 2 EL Eiswasser zugeben. Alles zu einem glatten Teig verkneten. Den Teig in Klarsichtfolie wickeln und 30 Minuten kalt stellen.

Den Boden einer feuerfesten runden Form mit 2 EL Butter befetten und dann mit 2 EL Zucker bestreuen. Die Form ins 200 °C heiße Rohr schieben, so lange, bis der Zucker karamellisiert.

Die Mandelblättchen darüberstreuen. Dann die Birnenhälften mit der Schnittfläche nach unten darüberschichten. Mit den zerbröselten Biskotten bestreuen. Den Teig etwas größer als die Form ausrollen, über das Nudelholz wickeln und über den Birnen abrollen. Den Teigrand andrücken. Die Oberfläche mehrmals mit einer Gabel einstechen.

Bei 200 °C Heißluft circa 35 Minuten backen. Den Kuchen gleich stürzen und auskühlen lassen.

♡ *Dieser Kuchen schmeckt mit reifen Birnen natürlich am allerbesten. Aber zur Not geht es natürlich auch mit Birnen aus der Dose.*

Schoko-Apfel-Gugelhupf

250 g Butter
250 g Staubzucker
250 g Dinkelvollkornmehl
5 Eier
1/2 Packerl Backpulver
1 Packerl Vanillezucker
100 g geriebene Kochschokolade
120 g geriebene Haselnüsse
2 große Äpfel (am besten die Sorte Pinova)

Die Äpfel schälen und fein reißen. Die handwarme Butter mit der Hälfte des Staubzuckers und dem Vanillezucker sehr schaumig rühren. Nach und nach die Dotter beifügen.

Die Eiklar mit dem restlichen Zucker zu steifem Schnee schlagen und unter den Butterabtrieb heben. Zuletzt das mit Backpulver versiebte Mehl sowie Schokolade, Nüsse und Äpfel einrühren.
Eine gebutterte und bemehlte Gugelhupf-Form mit der Masse füllen.

Bei 170 °C Heißluft etwa 1 Stunde lang backen und noch warm aus der Form stürzen.

Mit Staubzucker bestreuen und genießen.

♡ Ich habe diesen Gugelhupf bei einer meiner Dreh-Reisen kennengelernt und bin immer wieder begeistert, wie saftig und wohlschmeckend er ist.
Dazu eine Tasse heißen Kaffee und der Nachmittag ist gerettet.

Gerlindes Himmlische Bananenschnitten

Teig

6 Eier

120 g Staubzucker

120 g Mehl

Schale von 1/2 Biozitrone

Creme

125 g Butter

150 g Zucker

Vanille-Pudding aus

1/2 l Milch ohne Zucker

Glasur

16 EL Milch

160 g Zucker

160 g Schokolade

200 g Butter

Für den TEIG 6 Dotter mit 60 g Zucker und etwas Zitronenschale schaumig rühren. 6 Eiklar mit 60 g Zucker steif schlagen. Nun den Schnee in den Dotterabrieb vorsichtig unterrühren und anschließend das gesiebte Mehl unterheben.

Eine Backform in der Größe von 30 × 40 cm mit höherem Rand mit Backpapier auslegen und die Biskuitmasse am Boden aufstreichen.

Bei 180 °C ca. 12–15 min mit Heißluft backen. Abkühlen lassen.

Für die CREME den Pudding laut Packungsangabe machen und auskühlen lassen. Immer wieder umrühren, damit sich keine Haut bildet.

Butter und Zucker gut abtreiben und mit dem fast kalten Pudding vermischen.

Circa sechs Bananen schälen, halbieren und in feine Scheiben schneiden.

Mit den geschnittenen Bananen den Teig belegen. Die ausgekühlte Creme darüberstreichen. Zum Schluss mit der Glasur bedecken.

Das Ganze etwas ziehen lassen. Am besten über Nacht. Fertig.

♡ Ich empfehle, die Bananenschnitten sehr gut gekühlt zu servieren. Dann geht das Aufschneiden mit einem scharfen Messer, das man immer wieder in warmes Wasser taucht, viel einfacher.

Salzburger Nockerln ganz easy

5 Eiklar
3 Dotter
2 EL Kristallzucker
1 TL Kartoffelstärke od.
Vanillepuddingpulver
Butter für die Form

Die Eiklar steif schlagen, den Kristallzucker und eine Prise Salz dazugeben und kurz weiterschlagen. Dotter und Stärke vorsichtig einrühren.

Eine ofenfeste Form mit Butter ausschmieren und mit Kristallzucker bestreuen. Form in den vorgeheizten Ofen bei 200 °C Heißluft geben, bis der Zucker karamellisiert.

Dann den Schaum einfüllen und weitere 8 min backen.

♡ Das Backrohr während des Backens nicht öffnen, damit die Nockerln nicht zusammenfallen.
Viele haben ein bisschen Respekt vor dieser Nachspeise, aber mit diesem Rezept gelingt sie immer. Das Füllen mit Preiselbeeren lasse ich weg, weil mir die Nockerln ohne diese am besten schmecken.

Französische Schokotorte ohne Mehl

300 g dunkle Schokolade
250 g Butter
4 Eier
250 g Zucker

Die Schokolade mit der Butter gemeinsam schmelzen lassen. Masse auskühlen lassen.

4 Dotter mit der Hälfte des Zuckers aufschlagen und unter die überkühlte Schokomasse rühren.
4 Eiklar mit der zweiten Hälfte Zucker steif schlagen und unter die Masse heben. Gut vermengen.

In eine gebutterte und bemehlte Tortenform gießen und bei ca. 130 °C Heißluft für ca. 60 min backen.

Kurz nach dem Herausnehmen den Tortenring entfernen.

♡ *Die Torte bricht auf der Oberfläche sehr interessant. Sieht ein bisschen aus wie eine Mondlandschaft.*
Mit einer Kugel Vanilleeis serviert, ist diese Torte jede Sünde wert.
Ist auch die Lieblings-Geburtstagstorte meiner Tochter. Sie meint, ihr Name Amelie ist ja schließlich auch ein französischer Name und deshalb ist das einfach „ihre" Torte.

Ich bin ein absoluter Marzipanfan, deshalb liebe ich dieses schnelle Dessert. Wenn Kinder mitessen, kann man auch ein wenig Mandelaroma statt des Amarettos nehmen.

Marzipansabayon

400 ml Milch	
80 g Marzipanrohmasse	
5 Dotter	
40 g Zucker	
1 EL Amaretto	

Milch und Marzipan aufkochen und abkühlen lassen.

Dotter und Zucker aufschlagen und in die Marzipanmilch rühren. Diese Masse über dem Wasserbad schlagen, bis sie eine schaumige Konsistenz bekommt. Den Amaretto hinzufügen und gleich servieren.

Glutenfreie Nervenkekse

140 g Hirsemehl
140 g Butter
100 g Agavensirup
140 g geriebene und geschälte Mandeln
1/2 Banane, zerdrückt
2 TL Zimt
2 EL Kakaopulver
1 Prise Salz

Alle Zutaten mit dem Mixer vermengen. Aus dem Teig Rollen mit 3 cm Durchmesser formen. Zugedeckt 1 Stunde lang im Kühlschrank rasten lassen.

Dann von den Rollen ca. 1/2 cm dicke Scheiben abschneiden.

Diese Scheiben auf ein mit Backpapier ausgelegtes Backblech auflegen und bei 170 °C ca. 10 Minuten backen, bis sie leicht Farbe annehmen.

♡ Meine gesunde Alternative, wenn ich dringend mal was Süßes brauche. Es schmeckt so gut und wirkt sofort beruhigend auf mich. Man kann ruhig auf Vorrat ein bisschen mehr machen und die Kekse in einer hübschen Blechdose lagern.
Ist übrigens auch eine gute Alternative zum Naschen oder für Schulkinder bei Prüfungsstress.

Panamatorte von Tante Friedl

Torte

140 g Kristallzucker	
75 g Kochschokolade, gerieben	
7 Eier	
140 g Mandeln, gerieben	
2 EL Semmelbrösel	
1 Prise Salz	

Dotter mit Zucker mit dem Handmixer abrühren. Mandeln, Semmelbrösel, Salz und Schokolade vermischen und das steifgeschlagene Eiklar mit einem Kochlöffel unterziehen.

Eine Tortenform bebuttern und bemehlen und die Masse einfüllen. Bei 180 °C ca. 30 min backen.

Butter, Zucker und Eier zu einer Creme verarbeiten. Zum Schluss die Schokolade einrühren.

Die erkaltete Torte in der Mitte durchschneiden und mit einem Teil der Creme füllen. Mit dem Rest der Creme die Torte überziehen und mit den gehackten Mandeln bestreuen.

Creme

160 g Butter	
140 g Staubzucker	
45 g Schokolade, gerieben	
2 Eier	

Belag

50 g geschälte, gehackte und geröstete Mandeln

♥ *Das ist auch so eine typische Geburtstagstorte bei uns. Sie wurde angeblich zur Feier der Eröffnung des Panamakanals erfunden und schmeckt am zweiten Tag am besten.*

Flambierte Kuba-Bananen

1 Bio-Limette
2 Orangen
4 vollreife Bananen
4 EL feiner Kristallzucker
1 Zimtstange
50 ml alter brauner Rum aus Kuba

Der Limette und den Orangen mit dem Zestenreißer einige feine Streifen abziehen. Anschließend Limette und Orangen auspressen. Bananen schälen.

Den Zucker in einer Pfanne schmelzen lassen. Sobald er vollständig karamellisiert ist, die Bananen hineinlegen und mit dem Saft der Zitrusfrüchte übergießen. Einige Streifen Limetten- und Orangenschale sowie die Zimtstange zugeben und bei schwacher Hitze 3–4 Minuten köcheln lassen.

Die Bananen immer wieder im Karamell wenden, bis sie rundherum goldbraun sind. Dann vorsichtig den Rum zugießen, kurz verrühren und mit einem langen Streichholz anzünden und flambieren.

♡ Dieses Rezept habe ich auf Kuba in einem alten Café in Havanna kennengelernt. Es ist auch ein bisschen ein Grund dafür, warum ich immer wieder Sehnsucht nach diesem wunderschönen Land habe.
Wenn der Genuss noch einen Höhepunkt braucht, empfehle ich dazu eine Kugel Vanilleeis. Köstlich.

Schnelles Eis

1 Pkg. Himbeeren, tiefgekühlt
1 Becher Schlagobers
4 EL Zucker

Tiefgekühlte Himbeeren, flüssiges Schlagobers und Zucker mit dem Stabmixer pürieren. Sofort servieren.

♥ Man kann natürlich auch andere tiefgekühlte Früchte nehmen. Wichtig ist dabei nur, dass sie klein genug geschnitten sind, um sie noch pürieren zu können.

Natürlich kann man dieses Eis auch ganz einfach im Smoothie-Mixer machen. Also der Fantasie sind keine Grenzen gesetzt. Besonders gut schmeckt das Eis auch mit einem Schuss Grand Marnier.

Es ist das schnellste Eis, das ich kenne. Sowohl bei der Zubereitung als auch beim Aufessen; Kennengelernt habe ich dieses Rezept bei ORF-Dreharbeiten durch einen Kollegen vom Ton.

Kärntner Reindling

Teig

1 kg Mehl, glatt	
100 g Butter	
3 Eier	
5 EL Zucker	
350 ml Milch	
1 Pkg. Germ	
2 KL Salz	

Fülle

Kristallzucker
Zimt
Rosinen
Rum
Zitronenzesten

Germ und 1 TL Zucker in etwas lauwarmer Milch auflösen. In einer Schüssel im Mehl eine Mulde machen, Germ dort einrühren. Dann an einem warmen Platz ca. 10 min (Dampfl) zugedeckt gehen lassen.

Butter in restlicher Milch schmelzen. Alle Zutaten zusammenrühren. Es ergibt einen glatten Teig, leicht von der Schüssel lösbar.

Ca. 40 min auf doppelte Menge aufgehen lassen.

Teig fingerdick ausrollen (doppelte Länge vom Reindl).
Für die FÜLLE mit viel Kristallzucker, Zimt, Rosinen, Rum und Zesten bestreuen.

Teig zu Rolle formen (wie Roulade) und in die stark gefettete, rechteckige Backform aus emailliertem Eisen legen. Zugedeckt auf doppelte Größe gehen lassen. Mit zerlassener Butter bestreichen und einstechen.

Bei ca. 150 °C für 1 Stunde ins Rohr stellen. Nochmals mit Butter bestreichen. Fertig.

♡ *Der Kärntner Reindling gehört zu jeder traditionellen Kärntner Osterjause. Der Name kommt von der Backform, in der er gebacken wird – eine Rein. Gegessen wird er gemeinsam mit Osterschinken und Eierkren.*

Eierkren

2 Becher Sauerrahm
6 Eier, hart gekocht
1 Becher Schnittlauch
viel frisch geriebener Kren
Salz, Pfeffer
1 EL Öl
1 EL Aceto balsamico

Eier klein hacken oder mit Eierschneider würfeln, Schnittlauch schneiden.
Alles vermengen, kühl stellen und ziehen lassen.

Topfen-Apfel-Auflauf

1/4 kg Topfen
1 Ei
2 EL Zucker
5 g Butter
5 Äpfel, geschält und in Spalten geschnitten
Vanillezucker
Zitronenzesten
extra Kristallzucker und Butter für Form

Eine feuerfeste Form mit zerlassener Butter bestreichen und mit Kristallzucker bestreuen. Im Backrohr bei 200 °C karamellisieren lassen.

In der Zwischenzeit aus Butter, Dotter, Zitronenzesten, Zucker und Vanillezucker eine schaumige Masse rühren. Anschließend den Topfen dazugeben. Das Eiklar zu Schnee schlagen und unter die Masse heben.

Den Boden der Form mit Apfelspalten belegen und die Topfenmasse darüber verteilen.

Bei 150 °C Heißluft ca. 30 min backen.

♡ *Das ist ein ganz altes Rezept meiner Schwester Gretl, das sie oft für ihre Kinder gemacht hat.*
Ich liebe es auch, mit einer Prise gemahlenem Zimt zu würzen. Das duftet dann so herrlich in der Küche.

Erdbeercreme

1 kg Erdbeeren
250 ml Schlagobers
250 g Topfen, 20 %
150 g Vollrohrzucker
Saft von 1/2 Zitrone
1 EL Staubzucker
einige Zitronenmelisse-Blätter

Erdbeeren waschen und klein schneiden.

Topfen, Zucker und Zitronensaft hinzufügen und mit dem Stabmixer pürieren.

Schlagobers mit Staubzucker steif schlagen und vorsichtig unter die Erdbeermasse heben.
1 Stunde kalt stellen.

Mit Zitronenmelisse-Blättern dekorieren.

♡ Wenn gerade kein Topfen zu Hause ist, mache ich es nur mit Schlagobers und erhöhe etwas die Menge. Schmeckt noch etwas molliger, ist aber doch viel fetter. Wichtig ist, dass die Erdbeeren wirklich vollkommen reif sind.
Nur dann entwickeln sie diesen herrlichen Geschmack.
Es lohnt sich auch, einige Walderdbeeren unterzumischen. Die schmecken auch gut in wenig Hollersaft eingelegt, etwa zum Verfeinern eines Proseccos als Aperitif.

Toblerone-Mousse

5 EL Milch	
200 g Toblerone, fein gehackt	
300 g Schlagobers	

Milch in einem Topf erwärmen. Toblerone im Wasserbad schmelzen. Die Milch unter ständigem Rühren langsam zugießen. Etwas abkühlen lassen.

Schlagobers steif schlagen und unter die noch flüssige Schokolade geben. Mousse zugedeckt mindestens 4 Stunden kalt stellen.

Dann mit 2 großen Löffeln Nockerln ausstechen und in Gläsern anrichten.

♡ Diese Nachspeise geht wirklich ganz schnell und einfach. Und mich erinnert Toblerone immer an den Winterurlaub meiner Eltern, von dem sie mir immer diese heiß begehrte Schokolade aus der Schweiz mitbrachten. Das war für mich immer ein Fest.

Nougatmousse

2 Eier	
1 Dotter	
50 g Kristallzucker	
120 g Nougat	
250 ml Schlagobers	
1 Prise Salz	
50 ml Rum	
50 ml Mocca	

Schlagobers schlagen, nicht ganz fest. Eier, Dotter und Kristallzucker über Dampf ca. 10 min schaumig schlagen. Danach vom Herd nehmen und weiterschlagen, bis die Masse kühl ist (eventuell in Schüssel mit Eiswasser).

Nougat im Wasserbad schmelzen, mit Rum und Mocca vermischen und in die Eiermasse einrühren. Abkühlen lassen. Das Schlagobers vorsichtig unterziehen und in Gläser füllen.

Für ca. 8 Stunden in das Gefrierfach stellen.

♡ Nougat und Nougatschokolade sind für mich das Größte. Schon pur genossen, schmelze ich innerlich dahin. Aber bei dieser Kombination ... was soll ich sagen, bitte einfach ausprobieren!

Apple Crumble

**4 Äpfel,
in Blätter geschnitten**

Für Streusel

200 g Mehl

125 g Butter

125 g Kristallzucker

1 TL Zimt

Mehl, Zucker, Butter und Zimt in einer Schüssel zu Streuseln zerbröseln.

Apfelscheiben in eine bebutterte, ofenfeste Form schichten. Streusel ca. 1 cm über die Äpfel schichten.

Bei 150 °C Heißluft für 20 min ins Rohr schieben, bis die Streusel braune Farbe annehmen.

♡ Das ist ein praktisches Grundrezept, das ich auch mit reifen Marillen, Zwetschgen oder Pfirsichen liebe. Wenn die Früchte sehr süß sind, einfach ein wenig Zitronensaft darüberträufeln.

Joghurttorte à la Andrea

Teig

3 Eier

150 g Staubzucker

150 g Mandeln

Für den TORTENBODEN Eiweiß und Zucker steif zu Schnee schlagen, Mandeln unterrühren, in eine Springform geben, 20 min bei 180 °C Heißluft backen, auskühlen lassen, Joghurt-Creme darübergießen, zumindest 2 Stunden kühl stellen.

Creme

500 g Erdbeeren oder Himbeeren

150 g Staubzucker

1 Pkg. Vanillezucker

1/2 Zitrone (Saft)

1/4 l Schlagobers

6 Blatt Gelatine

Für die JOGHURT-CREME Joghurt glatt rühren, Zucker dazugeben, das Schlagobers steif schlagen, die Gelatine in kaltem Wasser einweichen und dann in wenig warmem Wasser auflösen, Beeren pürieren, alles vermischen.

♡ Ist eine köstlich erfrischende Torte. Es lassen sich unterschiedlichste Obstsorten verwenden. Was halt gerade reif ist und damit am intensivsten schmeckt.

Omas Ölgugelhupf

4 Eier
110 g Öl
250 g Staubzucker
210 g Mehl
1/3 Päckchen Backpulver
Schale einer Zitrone

Eier, Zucker und Öl schaumig rühren. Gesiebtes Mehl und geriebene Zitronenschale darunterheben.

In eine gebutterte und bemehlte Form füllen und bei 170 °C Heißluft 45–50 min backen.

Sofort aus der Form stürzen und mit etwas Staubzucker bestreuen.

♡ Wer es lieber „nussiger" mag, kann auch 150 g geriebene Haselnüsse, 50 g geriebene Schokolade und dafür nur 150 g Mehl verwenden.
Dieser Ölkuchen stammt noch aus meiner Duo-Mess-Zeit. Michael Scheickls Oma hat ihn immer für uns gebacken. Herrlich!!!!

Becherkuchen

Alles in Sauerrahm-bechern gewogen:
1 Becher Sauerrahm
1 Becher Mehl
1 Becher Staubzucker
1 Becher Kakaogetränkepulver
1 Becher geriebene Haselnüsse
1/2 Becher Öl
1/2 Becher Backpulver
3 Eier

Alle Zutaten miteinander vermengen und in eine Silikonform füllen.
Bei 180 °C Heißluft ca. 45 min backen. Fertig.

♡ Das ist der einfachste und genialste Kuchen der Welt. Und er schmeckt köstlich. Das ist auch das geeignete Einsteigermodell für Kinder. Geht leicht und gelingt garantiert. Also vielleicht ein Tipp für Ihre Kleinen beim nächsten Muttertag ...!?

Schoko-Baileys-Creme

200 g Zartbitter-Schokolade
200 g Schlagobers
4 EL Mascarpone
5 EL Baileys (Whisky-Likör)
Schokoraspeln

Die Schokolade grob hacken und über dem heißen Wasserbad schmelzen. Etwas abkühlen lassen.

Schlagobers und Mascarpone steif schlagen, dann vorsichtig den Likör unterziehen. Baileys-Sahne und flüssige Schokolade abwechselnd so in kleine Gläser füllen, dass ein hübsches Muster entsteht.

Mit Schokoraspeln garnieren und ungefähr eine Stunde kalt stellen.

♡ Das ist eher ein Erwachsenendessert, denn den Geschmack dieses Likörs kann man schwer antialkoholisch imitieren.

Grand-Marnier-Parfait

1 Ei
1 Dotter
30 g Zucker
8 cl Grand Marnier
250 ml Schlagobers

Ei, Dotter und Zucker über dem Wasserbad schlagen, bis eine feste, cremige Masse entsteht. Dann im kalten Wasser weiterschlagen, bis die Masse wieder kühl geworden ist. Den Grand Marnier dazugeben und das geschlagene Schlagobers unterziehen. Einige Stunden im Tiefkühler gefrieren lassen.

Eine halbe Stunde vor dem Essen antauen lassen.

♡ Grand Marnier ist ein herrlicher Orangen-likör und an und für sich schon eine Köstlich-keit. Als Parfait aber ein absoluter Traum.

Schoko-Soufflee mit flüssigem Kern

2 Eier	
2 Dotter	
20 g Zucker	
300 g dunkle Schokolade	
300 g Butter	
90 g Mehl	

Eier, Dotter und Zucker schaumig schlagen.

Schokolade und Butter miteinander schmelzen und abkühlen lassen.

Die Schokomasse zur Eiermasse geben und das Mehl darübersieben. Vorsichtig unterrühren.

In ofenfeste Förmchen füllen und bei 180 °C Heißluft ca. 8–10 min backen.

♡ *Man muss bei der Backzeit ein wenig aufpassen, sonst gibt es keinen flüssigen Kern mehr.*
Natürlich esse ich dazu am liebsten noch eine Kugel Vanilleeis. Wirklich nur bei Süßem neige ich zur Unmäßigkeit.

Rezeptregister

DIE AUTORIN

ELISABETH ENGSTLER wurde in Kärnten geboren. Sie nahm 1982 am Eurovisions Song Contest in England teil (Duo Mess) und begann danach ihr Studium (Operette, Musical und Chanson) am Konservatorium der Stadt Wien. 1986 beendete sie ihre Ausbildung mit Auszeichnung. Als TV-Moderatorin („Heute Leben", „Frisch gekocht") und Sängerin ist sie bekannt und beliebt; Bei der vierten Staffel von „Dancing Stars" belegte sie als „Königin der Herzen" den hervorragenden zweiten Platz. Zuletzt erschien von ihr im Pichler Verlag „Mein Chaos-Kochbuch".

IMPRESSUM

ISBN 978-3-85431-698-5

© 2015 by Pichler Verlag in der Verlagsgruppe Styria GmbH & Co KG Wien · Graz · Klagenfurt

Bücher aus der Verlagsgruppe Styria gibt es in jeder Buchhandlung und im Online-Shop

Fotos: Blanka Kefer / ichkoche.at
Foodstyling: Aaron Waltl / ichkoche.at

Umschlag- und Buchgestaltung:
Bruno Wegscheider

Reproduktion: Pixelstorm, Wien
Druck und Bindung:
Druckerei Theiss GmbH,
St. Stefan im Lavanttal
7 6 5 4 3 2 1
Printed in Austria